广东省商业行规编纂与评述丛书

金融不良资产行规编纂与评述

——以广东省为例

周林彬　林锐群　王　睿◎主编

JINRONG BULIANG ZICHAN HANGGUI
BIANZUAN YU PINGSHU

中山大学出版社
SUN YAT-SEN UNIVERSITY PRESS

·广州·

版权所有　翻印必究

图书在版编目（CIP）数据

金融不良资产行规编纂与评述：以广东省为例/周林彬，林锐群，王睿主编．—广州：中山大学出版社，2021.12

（广东省商业行规编纂与评述丛书）

ISBN 978-7-306-07335-8

Ⅰ.①金… Ⅱ.①周… ②林… ③王… Ⅲ.①金融业—不良资产—资产管理—研究—广东　Ⅳ.①F832.1

中国版本图书馆 CIP 数据核字（2021）第 187355 号

出 版 人：王天琪
策划编辑：嵇春霞
责任编辑：林梅清
封面设计：曾　斌
责任校对：井思源
责任技编：靳晓虹
出版发行：中山大学出版社
电　　话：编辑部 020-84110283，84113349，84111997，84110779，84110776
　　　　　发行部 020-84111998，84111981，84111160
地　　址：广州市新港西路 135 号
邮　　编：510275　　传　真：020-84036565
网　　址：http://www.zsup.com.cn　E-mail：zdcbs@mail.sysu.edu.cn
印 刷 者：广东虎彩云印刷有限公司
规　　格：787mm×1092mm　1/16　15.25 印张　227 千字
版次印次：2021 年 12 月第 1 版　2022 年 7 月第 3 次印刷
定　　价：66.00 元

如发现本书因印装质量影响阅读，请与出版社发行部联系调换

广东省商业行规编纂与评述丛书
编委会

顾　　问：江　平　　应松年　　沈四宝　　王利明
　　　　　孙宪忠　　马怀德　　赵旭东　　刘凯湘
主　　任：周林彬
副 主 任：董　皞
委　　员：于海涌　　庄伟光　　谢晓尧　　林锐群
　　　　　邱　丹　　曾东红　　董淳锷　　黄旭光

本书编委会

主　　编：周林彬　林锐群　王　睿
副主编：邱　丹　车作斌　黄旭光
委　　员：曾东红　万惠明　闵卫国　梁伟荣
　　　　　黄旭光　董淳锷　廖艳嫔
指导单位：广东省工商业联合会
　　　　　广州市仲裁委员会
　　　　　深圳国际仲裁院
参编单位：广州市资产管理协会
　　　　　深圳市不良资产处置协会
　　　　　惠州市不良资产处置协会
　　　　　广东天地正律师事务所
　　　　　广州市半边街资产管理有限公司
　　　　　广州君道投资有限公司
　　　　　广东领前律师事务所
　　　　　广东卓凡律师事务所

广东省商业行规编纂与评述丛书
总　　序

　　中国共产党第十八届中央委员会第四次全体会议通过的《中共中央关于全面推进依法治国若干重大问题的决定》提出"推进多层次多领域依法治理",强调"发挥市民公约、乡规民约、行业规章、团体章程等社会规范在社会治理中的积极作用",要求"支持行业协会商会类社会组织发挥行业自律和专业服务功能。发挥社会组织对其成员的行为导引、规则约束、权益维护作用",并对这些要点进行了提纲挈领式的指示。在"共建共治共享"的社会治理新格局中,商业行规是行业协会商会类社会组织实现商业行业治理的基础,也是我国商事法治完善的重要组成部分。然而,在我国的法治建设中,商业行规的重要作用却长期被忽略,体现为三个方面:第一,法律制度层面上缺乏对商业行规的规范制度构建;第二,实践中各行业协会商会怠于对行业内已经形成的商业行规进行及时的编纂和发布;第三,理论研究缺乏系统性的深入研究,许多基本问题,甚至于对商业行规的概念和分类都未能达成共识。

　　作为社会主义市场经济基本法的《中华人民共和国民法典》第十条规定:"处理民事纠纷,应当依照法律;法律没有规定的,可以适用习惯,但是不得违背公序良俗。"这为商业行规获得正式法源的效力提供了途径。然而,商业行规的意义并不止于通过"习惯"这一通道在司法裁判中作为补充法源进行法律适用:首先,商业行规作为一种"非正式制度",可以有效弥补国家通过立法程序制定的商事法律形成的"正式制度"中的漏洞,既可以作为案件事实的证据,也可以作为诉讼调解的依据,还可以作为判决(或裁决)辅助说理的理由。其次,商业行规是商业行业自我治理的重要制度基础,商业行规的实施有助于促进商人之间商事互惠关系的建立,进而促成交易的达成,也有助于协调商事活动预期,为商人们提供行为指引及结果预测;此外,还有助于抑制交易过程中的欺诈行为,维持良好的商业秩序。最后,商业行规作为行业自发形成的规则,是商人自己制定或在长期实践中自发形成的制度,是"行内人"自己为自己立法,相比于立法者制定的法律法规是"行外人"立法,商业行规的专业性、针对性更强,商人和企业对其认可度也会更高,因此商业行规不仅实施成本低,而且有较高的实施效率,这在商业纠纷的解决和行业交易秩序的维持中体现得特别明显。

鉴于商业行规具有重大意义,但其无论是在法律制度建设、实践适用中,还是在理论研究中都被边缘化,我们有必要加快商业行规研究的步伐,使其能够乘上民法典实施和社会治理现代化发展的东风,获得更进一步的发展。其中,深入到商业实践中,整理和编纂行业中已经存在的商业行规,为法律制度建设提供参考、为实践适用提供样本、为理论研究提供素材,是最基础、最迫切却又最困难的工作。一方面,商业行规分散在商业实践的各个环节中,且往往是自发形成的不成文规则,作为非从业者的研究人员,很难全面掌握行业中已经存在的商业行规,而行业从业者对习以为常的行规缺乏总结意识,也不会意识到其在交易中适用的规则是有别于法律法规等正式制度的商业行规;另一方面,行业从业者对商业行规的性质认识不足,特别是对于不成文的商业行规,既担心商业行规与现行法律法规之间存在冲突,在公开后就面临被取缔的风险,又希望通过不成文的商业行规形成行业准入"壁垒",使其从业经验能对外行人产生竞争优势。这些都要求研究者要对行业的实践有深入的认识和了解,还要具备深厚的理论知识,更重要的是必须经过大量的、深入的一线调研和访谈,在交流中敏锐地识别出行业内存在的商业行规,并能够进行准确的总结和抽象。

清末光绪年间,清朝政府曾经专门成立调查组织对民商事习惯进行调查,这是清末新政期间法制改革的重要组成部分。时任大理院正卿张仁黼曾就此事上折:"凡民法商法修订之始,皆当广为调查各省民情风俗所习为故常,而于法律不相违悖,且为法律所许者,即前条所谓不成文法，用为根据，加以制裁，而后能便民。此则编纂法典之要义也。"随后，由沈家本主事的修订法律馆在中央层级开始统筹，并在各省成立调查局开始对全国的民商事习惯进行系统性调查，其中商事习惯是调查的重点，并专门颁发了《法律馆调查各省商习惯条例》。清末的民商事习惯调查因清政府的倒台而中止，但1918年北洋政府司法部重启了全国性的民商事习惯调查事务，中央由司法部负总责，地方则在各省法院附设民商事习惯调查会，调查会成员除了法院人员外，还包括商会在内的其他法团人员。除此之外，司法部还拟定了统一的民商事习惯调查会报告书式、用纸及编制办法，建立了较为规范的运作办法。这次声势浩大的调查终因时局动荡而偃旗息鼓，但也留下了丰富的材料，南京国民政府司法行政部印行的《民商事习惯调查报告录》至今仍是宝贵的民商事习惯研究素材。

进入新时代，我们应当重新认识到民商事习惯，特别是商业行规编纂的重要意义。为此，作为广东省内唯一的民间性和非营利性全省性法学学术社会团体的广东民商法学会，学会每两年就会专门组织专家学者对广东省各行业中自发形成的行业自治规范进行调研、整理，形成系统性的行规研究报告并编辑出版，以期帮助行业实现良好的自我治理，为裁判机构在对行业规范进行法律适用时提供参考，为监管部门制定行业监管执法规则提供参考。这是学会致力于坚持通过跨学科的法学理论与实务研究向社会各界提供求真务实的研究成果的初心。

周林彬
2021年10月22日

目　录

导　论　金融不良资产行业市场化发展的重要意义、问题与对策 … 1

第一章　金融不良资产转让环节的行规 …………………… 17
　　第一节　提前锁定买家规则 ……………………………… 18
　　第二节　交易事前信息披露规则 ………………………… 30
　　第三节　债权材料移交规则 ……………………………… 41
　　第四节　不良资产定价折扣率规则 ……………………… 52
　　第五节　出让人的协助义务规则 ………………………… 61

第二章　金融不良资产受让环节的行规 …………………… 71
　　第一节　买受人风险自负规则 …………………………… 72
　　第二节　限制向前手追索规则 …………………………… 80
　　第三节　不穿透计算规则 ………………………………… 87
　　第四节　债权转让通知规则 ……………………………… 92
　　第五节　不良资产包的整体性规则 ……………………… 106

第三章　金融不良资产交易中间环节的行规 ……………… 113
　　第一节　提供收购通道规则 ……………………………… 114
　　第二节　分期付款规则 …………………………………… 123
　　第三节　港澳资金通道规则 ……………………………… 132
　　第四节　交易所公告规则 ………………………………… 139
　　第五节　媒体公告规则 …………………………………… 151

第四章　金融不良资产末端处置环节的行规 ……………… 159
　　第一节　债权利息计算规则 ……………………………… 161

第二节　主体变更规则 …………………………………… 166
　　第三节　以物抵债规则 …………………………………… 175
　　第四节　税费承担规则 …………………………………… 186

代结语　完善金融不良资产行规体系形成和适用的思路与对策 … 197

参考文献 ……………………………………………………… 213

附　　录 ……………………………………………………… 217
　　附录一：本书重要概念及其简称 ………………………… 218
　　附录二：金融不良资产行规要点及释义 ………………… 222

后　　记 ……………………………………………………… 232

导 论

金融不良资产行业市场化发展的重要意义、问题与对策

一、金融不良资产行业市场化发展的意义与进程

(一) 金融不良资产行业市场化发展的意义

金融是国民经济的命脉所在,一个国家市场经济的发达程度往往与其金融发展程度存在一定关联。间接融资活动中,因债务人不能按时清偿债务而产生的金融不良资产却会堵塞"血脉",造成资金链流通不畅的问题,同时容易逐渐导致更大范围的金融风险。但金融不良资产的实质是在市场经济环境中优胜劣汰、宏观经济周期和企业生命周期交互作用下客观形成的错配资源,任何国家、任何时期、任何类型的金融机构都可能存在金融不良资产。金融不良资产的市场化交易和处置是盘活存量债权资产、引导社会资金流向发展前景向好的行业和领域的过程,特别是通过有效的并购重组挖掘和提升债权资产的使用价值、优化资源配置,有利于增加经济的活力,具有"化腐朽为神奇"的功能。在此过程中,因金融行业产生的呆账、坏账造成的金融风险也得以有效地降低,避免金融风险的集中爆发对经济产生更大冲击,因此可谓其为防范金融风险的一道重要"防火墙"。

据不完全统计,截至 2020 年 12 月末,我国金融不良资产总量接近 11 万亿元。其中,银行业境内不良资产的余额达到 10 万亿元,信托、理财、资管等非银行金融部门的不良资产接近 8000 亿元,银行金融不良资产在其中的占比为绝对多数。鉴于金融不良资产中规模最大、最具有代表性的类型是银行金融活动中产生的不良资产,本书将研究对象定为银行不良资产,因此,本书所称金融不良资产主要是指银行不良资产。

(二) 金融不良资产行业市场化发展的进程

1997 年亚洲金融危机爆发后,我国四大银行积累了大量坏账、呆账。为化解金融风险、保障我国商业银行在中国进入世界贸易组织后能以更健康的资产结构参与国际竞争,国务院于 1999 年成立了四大金融资产管理公司,即中国华融资产管理公司(简称"华融")、

导 论　金融不良资产行业市场化发展的重要意义、问题与对策

中国长城资产管理公司（简称"长城"）、中国东方资产管理公司（简称"东方"）、中国信达资产管理公司（简称"信达"），它们分别接收从中国工商银行（简称"工行"）、中国农业银行（简称"农行"）、中国银行（简称"中行"）、中国建设银行（简称"建行"）剥离出来的金融不良资产，此即为金融不良资产行业的起源。受此背景影响，我国金融不良资产行业在起步之初政策性比较强，但 20 多年来，金融不良资产行业不断朝向市场化的方向发展，总结起来可以划分为三个阶段。

1. 1997—2005 年的政策性业务时期

这一时期主要是我国金融不良资产行业发展的初期，以化解政策性风险为主要任务。一级市场主体仅限于四大国有银行和国有资产管理公司，其他主体的参与度不足。而资产管理公司运营模式的相似性容易使其结成同盟垄断市场价格，加大银行损失，不利于对金融不良资产的配置进行优化。

2. 2005—2009 年的市场化转型时期

国有银行、股份制银行、信托机构等各类金融机构陆续开展不良资产剥离工作，打破了之前的"一对一"模式，丰富了一级市场主体。2004 年，中国人民银行决定剥离中行、建行的不良资产。此次剥离的方式与之前不同，不再采用账面价值收购，而是采用整包转让的方式。2005 年，政府主管部门开启中国工商银行的不良资产剥离工作，此次引进了分包转让这种更加市场化的方式，将工行的不良资产分为 35 个资产包，由四大资产管理公司（asset management corporation，AMC）分别进行报价。第二次不良资产的处置与第一次相比，有了质的飞跃：商业银行采用商业化方式处理金融不良资产，同时资产管理公司开始以商业化的方式收购不良资产。这标志着我国银行不良资产市场开始形成和完善。

3. 2010 年后的全面市场化时期

金融资产管理公司开始完全以竞标等商业化的方式开展不良资产的收购业务，金融不良资产行业迈进全面市场化时期。自 2010 年至 2016 年，四大 AMC 都完成了股份制改革，且信达、华融分别在港交

所上市。至此,四大 AMC 通过股份制改革成为现代金融企业。这一时期,地方资产管理公司崛起,地方 AMC 逐渐成为处置金融不良资产的主力军。我国不良资产行业需求端的格局从四大 AMC 主导转变为"四大AMC + 地方 AMC + 银行系 AMC + 民营 AMC"。

总体而言,目前的金融不良资产行业已经形成了两级市场划分的格局:一级市场是将金融不良资产打包从银行转让到持牌资产管理公司的交易市场;二级市场主要指金融不良资产从持牌资产管理公司流转至其他市场主体,以及金融不良资产在二级市场受让方之间的流转及最终处置的交易市场。

正如前述,金融不良资产行业的市场化发展极大地促进了市场对金融不良资产的消化能力,有效地化解了因坏账、呆账堆积而带来的金融风险,也促进了银行通过市场化交易以原本沉积在手中的资源换取经济效益、减少损失,并让这些资源通过市场配置的手段流通到利用效益更高的主体手中。**因此,相较于"政策性交易",金融不良资产行业的市场化发展可谓是一种帕累托最优式的改进。**

(三)金融不良资产的现有规模和处置压力

尽管金融不良资产行业的市场化发展已经取得了长足进步,然而近年来金融不良资产规模的激增,催促着行业必须加快市场化的进程。这是因为自从我国经济进入新常态、宏观经济增长速度放缓,同时稳步推进经济结构转型、深入推进供给侧结构性改革,迫使部分行业风险加速暴露出来,再加上 2020 年初开始席卷全球的新型冠状病毒肺炎疫情(简称"新冠肺炎疫情")对经济发展的巨大冲击,我国金融不良资产的规模出现了明显的增长。

银保监会的数据显示,在 2020 年金融不良资产的构成中,金融不良资产的存量主要来源于国有银行,而增量主要来源于中小银行、农村信用社等。从不良资产的分类来看,不良资产的主体大部分由次级类贷款余额和可疑类贷款余额构成,而纯粹的损失类贷款余额占比相对较少;同时,损失类贷款余额主要来源于大型商业银行、股份制银行、城市商业银行等。(见图 0 - 1)从今年证监会披露的 10 家银行定向发行说明书来看,除临商银行外,其余都为农商银行,其中有

6家农商银行明确表示，需要认购者另行购买不良资产，即"定增搭售不良"。中小银行的不良资产压力之大可见一斑。

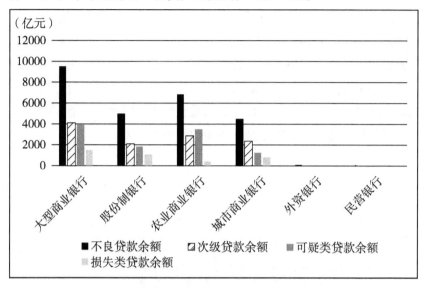

图0-1 我国银行的不良贷款情况

（数据来源：中国银保监会网站）

截至2020年9月，我国金融不良贷款的余额为28350亿元，相比2019年第三季度增长了4678亿元，不良贷款率达到1.96%，而2019年的不良贷款率为1.86%，2018年的不良贷款率为1.85%，与近两年相比，有较大幅度的增加。截至2020年底，不良贷款总额达到108850亿元。根据银保监会给出的数据，我国不良贷款余额呈逐年上升趋势，不良贷款率也在增加，2020年9月份达到1.96%，为近年最高。（见图0-2）

同时，中国人民银行给出的数据显示，我国自2016年至2019年的不良资产证券化发行总规模分别为156.1亿元、129.6亿元、158.8亿元、143.5亿元。而2020年的总规模达到了282.6亿元。从数据上看，2020年的不良资产证券化发行总规模与2019年相比翻了近1倍，是自2016年我国不良资产证券化业务重启以来的最高值。

2020年，我国的市场经济运行遭受新冠肺炎疫情和外部环境的双重影响，总体呈下行趋势。在党和政府的坚强领导下，我国经济已经逐步复苏,但前期的经济下行已经不可避免地引起了金融不良资产规模的增长。据不完全统计,除邮政储蓄银行不良资产率有所下降之外,工行、农行、中行、建行及交通银行的不良资产率全部上升,平均突破1.5%。这意味着不良资产供应即将"开闸",也意味着银行业大规模不良资产的市场化处置必须进入"超车道"。因此,应当进一步推动金融不良资产行业的市场化发展,发挥金融不良资产行业在消化、出清银行呆账坏账,促进资源重新配置等方面的效能,维护经济运行的秩序和效率,防范金融风险的累积和爆发。

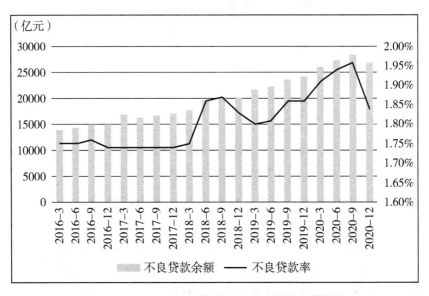

图0-2　2016—2019年我国金融业的不良贷款率

(数据来源:中国银保监会网站)

然而,由于金融不良资产行业创立之初的强政策性导致的"先天不足",以及后期法律法规制定的不足和仍以"双轨制"运作的"后天缺陷",金融不良资产行业进一步的市场化发展仍存在不少需要清除的障碍。

二、金融不良资产行业市场化发展的障碍

随着金融不良资产处置方式、交易渠道的多元化,市场上出现了诸如债转股、呆账核销、资产证券化以及收益权转让等多种金融不良

资产处置方式。但由于前述的"先天不足"和"后天缺陷",我国金融不良资产交易市场化程度仍然处于较低水平,仍存在政策色彩浓烈、缺乏定价机制、竞争程度较弱,以及法律法规层级较低且冲突严重等问题,这些都不利于金融不良资产行业市场化进程的推进。

(一) 法律法规层级较低且冲突严重

以 1999 年国务院发布的《国务院办公厅转发人民银行、财政部、证监会关于组建中国华融资产管理公司、中国长城资产管理公司和中国东方资产管理公司意见的通知》①为开端,国务院陆续出台了关于金融不良资产的十余部指导性文件。其中,国务院颁发的《金融资产管理公司条例》②成为我国金融不良资产行业的核心法律文件。但该条例在法律层级上属于行政法规的范畴,其法律效力低于法律。司法机关在处置相关案件时容易陷入保护司法独立性与政策、行政监管规范之间的两难抉择。

由于不同部门发布的文件的目的不同,文件之间存在冲突的现象较为严重。各个监管部门的目标和定位不同,所制定的监管文件涉及资产管理公司业务的各个方面,文件内容的冲突往往使资产管理公司疲于应付,难以集中精力开拓市场、创新业务,致使资产管理公司运行不畅、业务不精。

(二) 监管规范不够完善,法律法规双轨制导致通道行为频发

虽然财政部、证监会等部门都针对不良资产的处置出台过一系列文件,但都对资产管理公司的边缘业务予以回避,致使其在资产管理公司的业务监管上存有漏洞,如并未针对 AMC 作为银行不良贷款虚假出表的通道、AMC 对二级市场受让人提供配资等实践中常见的业务作出明确而具体的规定。同时,由于金融创新和不良资产市场规模

---

① 国务院办公厅:《国务院办公厅转发人民银行、财政部、证监会关于组建中国华融资产管理公司、中国长城资产管理公司和中国东方资产管理公司意见的通知》(国办发〔1999〕66 号),1999 年 7 月 21 日发布。

② 国务院:《金融资产管理公司条例》(中华人民共和国国务院令第 297 号),2000 年 11 月 10 日发布。

的扩大、纠纷的增多，最高人民法院的裁判指引出现滞后性。相关法律法规的主体一般为四大金融资产管理公司，而该类法律法规是否适用于地方金融资产管理公司及其他金融不良资产市场主体，则一直是存在争议的问题。二级市场存在规则严重缺失的问题，由此出现了"三不管"地带，导致市场交易和处置频出纠纷。

设立地方 AMC 的目的在于消化各地在供给侧改革中产生的大量不良资产，因此对其参与范围限定为各地方，然而资本逐利的本性导致借道国有资产管理公司的行为屡禁不止。就一级市场而言，通道业务的存在不仅破坏了市场数据的真实性，更违背了资产管理公司处置不良资产、化解金融风险的初衷，形成了"中间商赚差价"的经营模式，严重阻碍了良好市场秩序的形成。在二级市场中，由于社会投资者在尽职调查方面信息的不对等、风险防范措施的不完善、处置资金的不充足等因素，其借由"通道"降低市场准入门槛进而涉足不良资产市场的行为，既拉长了资金链条、增加了处置成本，又不能满足银行不良贷款回收的实体要求，造成极大的人力、物力的浪费，阻碍了市场化处置进程的发展。

法律法规的政出多门、政令不一，以及其从正面对现有合法市场参与主体缺乏必要考核标准，从反面对相关"灰色地带"行为缺乏必要规制，对违法行为的惩罚措施不成熟也不规范，都严重影响了不良资产市场的规范化、合法化、体系化，抑制了不良资产处置的速率和效益。

（三）判例规则缺失，行业自治规范缺失，没有形成商事自治法

我国最高人民法院公布的指导性案例虽并非如英、美等国家的判例制度具备法源效力，但在法律缺失或规定不明确的情况下，的确能起到补充和统一裁判规则的作用，这种作用在交易规则变动频繁的商事案件中尤为明显。金融不良资产市场的法律制度缺失严重，同时由于该市场的灵活性和多变性，与之相关的案件在审理过程中问题层出不穷，使裁判案例标准不统一的情况更为明显。然而，目前最高人民法院（简称"最高院"）公布的指定性案例中，却难觅金融不良资产

处置相关案例的踪影,导致法官在进行法律适用时,并无可以参照的案例,加剧了裁判规则的不统一。

目前,不良资产二级市场虽然发展较为迅速,但因运行规则不完善和监管缺位,存在交易不规范、交易纠纷不断等乱象。例如,有的交易者恶意炒高交易价格,有的交易者散布虚假信息,有的交易者通过不正当手段破坏竞争秩序,等等。由于金融不良资产行业的特殊性,这些乱象往往导致金融风险的系统性扩散,形成新的"症结",因此亟须进一步完善行业秩序规范机制。

经过一段时间的发展,金融不良资产行业虽然已经产生了一些行业内认可的金融不良资产行规,并在客观上维护了行业的有序运行,但由于其较为零散,特别是缺乏公开性、系统性和成文性,且未经过系统的整理以及权威机构的背书,行业对该自治规范的认可度也不一,以及未形成有效的行业自治格局,因此难以形成统一的金融不良资产行业的商事自治法,这使得法官在司法裁判中可以依据的案例空间被大大压缩。

(四)粤港澳大湾区"一国两制三法域",缺乏规则统一协调

自 2019 年 2 月《粤港澳大湾区发展规划纲要》①印发以来,粤港澳大湾区这一经济地理区的概念被整体地融入到我国全面推进依法治国的重大战略规划之中,然而,多维化法域并存是粤港澳大湾区协同发展所面临的重大难题。② 广东作为我国的普通行政省份,实行的是中国特色社会法律体系,而香港和澳门则在"一国两制"政策的支持下分别继受了普通法系和大陆法系,从而造成了"三地三法域"的格局。粤港澳大湾区统一市场的需求与粤港澳三地不同的法律标准、机制产生了冲突,多元主体的发展与多维法域的治理性差异阻滞了统一市场、协同平台与共享机制的搭建与维护。在金融不良资产市

---

① 中共中央、国务院:《粤港澳大湾区发展规划纲要》,2019 年 2 月 18 日发布并施行。
② 参见朱羿锟、张盼《民法典、共同法与粤港澳大湾区法治协同路径论纲》,载中国法学会会员部《全国推进依法治国的地方实践(2020 卷)》。

场中，处置金融不良资产时资金流通存在障碍，各地的规则与标准不一，且在不良资产的转让和处置环节都存在规则的冲突问题，现今金融不良资产市场缺乏统一的规则对冲突进行协调，这些都在一定程度上阻碍了金融不良资产行业的市场化进程。

三、以行规推动金融不良资产行业市场化发展

（一）理论视野中的行规

著名经济学家、诺贝尔奖获得者道格拉斯·诺斯（Douglass North）教授在制度变迁理论中提出，当法律法规等正式制度与经济发展之间不契合时，市场会自发形成非正式制度对交易秩序进行规范，以维护市场的运行，也正是非正式制度为正式制度提供了根本的合法性。依据相关理论，制度的变迁主要可以分为五个步骤：第一，形成推动制度变迁的第一行动集团，即发挥主要作用的集团；第二，提出有关制度变迁的方案；第三，对该方案进行评估和选择；第四，形成推动制度变迁的第二行动集团，即起次要作用的集团；第五，两个集团共同努力，推动制度发生转变。根据第一行动集团和第二行动集团组成机构的不同，可以将制度变迁区分为"自下而上"和"自上而下"两种类型。所谓"自下而上"，是指部分市场主体由于受到新制度受益机会的引诱，自我组织并努力实现的制度变迁，又称为诱致性制度变迁。所谓"自上而下"的制度变迁，则是由政府发挥主要作用，通过政府文件和法律形式推动的制度变迁。行规作为非正式制度的一种重要形式，其形成路径即为由部分市场主体充当第一行动集团来推动制度变迁。然而，我国现行法律体系缺乏针对商业行规的制度构建，因此，学界对其定义众说纷纭，其在立法层面仍属空白。本书认为，商业行规是指由商业行业组织制定，或者在长期商业实践中自发形成的、用于调整因商业活动产生的各种关系的社会规范。

根据行规形成路径的不同，可以将行规区分为制定型行规、惯例型行规和契约型行规。制定型行规指商业行业组织依据特定程序而公布的行规规范、行业规则等；惯例型行规指来源于长期商业实践而自

发形成的惯常做法；契约型行规是指来源于商人的约定，具有较为广泛的适用范围、较长的适用期限和重复适用功能的特殊契约。本次课题组通过调研从实践中总结的行规也可归纳为此三种类型。

在效力上，首先，鉴于我国与瑞士同样采用"民商合一"的体例，这意味着在相当长的一段时期内，包含行规在内的习惯的司法适用顺位只能劣后于民事和商事制定法。其次，依据通说，我国民法总则所规定的习惯是指惯例型行规，而对制定型行规和契约型行规未明确其"非正式法源"地位。因此，对于惯例型行规，法院可直接以其作为裁判依据，也可在辅助说理和举证方面发挥其效力；而对于契约型行规和制定型行规，只有当双方均属于同一商业行业组织或双方将其纳入合同条款时才得以适用。

如果通过立法的途径解决前述金融不良资产市场发展中的问题，不仅成本较高且缺乏时效性。通过行规这种"自下而上"自发形成的"软规范""非正式制度"实现行业自律自治，为市场提供行为指引，或许是一种更有效率且节省成本的途径。

（二）金融不良资产行业中的行规

所谓金融不良资产行规，是指由金融不良资产行业组织制定的或在金融不良资产市场主体长期商业实践活动中自发形成的、具有规范法效力的、用于调整因不良资产交易活动所产生的各种关系的社会规范的总和。为服务金融风险防范和法治化营商环境建设大局，给金融不良资产行业治理政策及相关法律法规的制定提供决策依据，本书作者在广东省民商法学会及其所属不良资产研究会的组织下，在广州、深圳不良资产协会等单位的支持下，以及在广州市地方金融监督管理局、广东粤财资产管理有限公司、广州资产管理公司、广州银行等相关部门的指导下，组成了以本书作者为主要成员的课题组，以广东省金融不良资产二级市场中的交易规则作为研究对象，对广东省金融不良资产行规进行了广泛调研与深入研究。课题组在调研中了解到，广东省金融不良资产行业由于市场化程度较高、发展较成熟，在运行中自发形成了一定数量的金融不良资产行规。这些行规广泛存在于金融不良资产行业的一级、二级市场的交易环节中,在相关国家法律法规缺位的现实情况下,为金融不良资产行业的有序运行提供了制度保障。这些规则可分为三类:一是法律法规规定不明,但行业内已经约定俗成的规则;二是法律虽有规定,但实践中对其进行了细化或变通且在行业内通行的规则;三是针对法律法规规定存在空白,并且在实践中仍存在较多争议的做法而形成的规则。

金融不良资产市场中的行规与其他行业的行规相比存在特殊性,主要原因在于金融不良资产行业是"准金融行业"。与其他普通行业相比,金融不良资产行业由于具备金融的特征,一方面专业性更强,另一方面其行业形成的行规效力更容易受到监管秩序的挑战。然而,不同于银行、证券、保险、信托等传统金融行业受到国家监管机构的严格管控,有系统成熟的法律法规作为交易规则,金融不良资产行业双轨制的特点导致其法律法规主要集中于一级市场,二级市场却因规则缺失而在一定程度上成为"法外之地"。此外,传统金融行业的行业协会由于具备官方背景,所制定的行规往往具有"准法律"的性质。而金融不良资产行业中不仅缺乏这种类型的组织,即使具备了该等组织,亦无法穷尽二级市场中多如牛毛的市场化主体。基于上述原因,金融不良资产市场虽然已经存在市场主体普遍认可的行业实践习惯,却因为内部行业主体分散,缺乏统一、有公信力的行业组织,外部则由于金融性特征受到监管的压力较大,一直未形成系统成文的行业规范。

如前文所述,现阶段金融不良资产市场形成了"4+2"双轨制和二元化市场格局,参与主体种类繁多,交易方式复杂多样。本书根据交易环节的不同将金融行规区分为金融不良资产转让环节的行规、受让环节的行规、中间环节的行规和末端处置环节的行规。**其中,转让环节主要指金融不良资产从出让主体(卖方)转让给受让主体(买方)的环节,这个环节的行规内容主要偏向出让主体(卖方)的权利和义务;而受让环节主要指受让主体(买方)从出让主体(卖方)接收金融不良资产的环节,这个环节的行规内容主要偏向受让主体(买方)的权利和义务。所谓中间环节,是指以居中提供促成**

交易、资金融通、信息披露等服务性业务为主的中介机构所参与的交易环节;末端处置环节是指对金融不良资产进行处置和清收的环节。以此种标准进行分类的意义在于其能契合金融不良资产行业的特点,能够较为全面地总结现存行规,易于较为完整地覆盖整体二元化市场的各个角落,有利于提升本书理论与实践的适配程度。

(三) 行规对金融不良资产行业市场化发展的意义

首先,行规能够填补金融不良资产行业中法律法规供给不足、滞后的问题,为行业提供交易规则,维护市场秩序。行规在不良资产市场行业长期实践中形成,广泛地存在于金融不良资产转让环节、受让环节、交易中间环节与末端处置环节,适用于各类主体,有效地为行业提供行为指引与结果预测。这有助于解决现有的正式规范仅为金融不良资产交易一级市场主体提供规则而忽视二级市场的问题,全方位地为不良资产金融市场交易提供运行保障。例如,行规能够指引金融不良资产出让方正确识别合法的投资者,正确评估市场价值与正确选择供应方式,使得不良资产处理方式更合法、更有效率;又如,行规有助于受让方在投资不良资产包时合理评估购买风险与商业回报率,做出理性的商业判断;再如,资产处置平台、资产评估平台、律师事务所、会计师事务所及拍卖公司等相关中介机构也能从行规中获得行为指引,依据行规对不良资产在上下游受让环节中进行合法审查,为金融不良资产处置的各个环节的合规性保驾护航。不仅如此,行规还能指导和约束市场主体规范、有序地参与不良资产交易活动①,在维护交易秩序中起到重要作用。

其次,行规能够为监管部门提供参考,弥补监管空白。金融不良资产行业属于"准金融行业",又区别于传统金融行业,不仅相关规定文件出台时间早、层级低,甚至存在监管空白,而且诸如分级资金、资产证券化等金融技术的运用造成了极高的专业性壁垒,这给行政监管带来了极大的挑战。现实中虽然可以通过咨询专家意见来解决

---

① 参见杨立新《商业行规与法律规范的冲突与协调》,载《法治研究》2009 年第 6 期。

部分问题，但面对越来越多的金融纠纷，这种方式缺乏足够的现实可行性，不是终极之道。① 从立法与监管层面上讲，相较于国家制定法稳定性和确定性的要求，行规的制定与修改更具灵活性。而相较于政府监管，市场主体更加充分、及时地了解市场信息，行规更具备针对性、专业化的特点。监管部门在进行监管时可以参考金融不良资产中的行规制定监管标准，使得监管符合行业特征，同时也可以通过对行规的生成和修改过程进行指导，促进行业行为的合法合规性。

再次，行规能有效解决金融不良资产市场化处置中出现的商事纠纷，化解商业矛盾。这不仅表现在交易主体之间能依据行规自行解决纠纷，也表现在法院与仲裁机构提高了解决商事纠纷的效率。在商事审判活动中，商业行规往往对国家法律起到一定的补充作用。比如，商业行规可以作为商事案件事实的证据，也可以作为商事调解的依据，或者作为法官判决辅助说理的理由，当商业行规符合习惯的特征而具有法律约束力时亦能直接进行适用。② 金融不良资产行业因具备金融特征，对纠纷双方与处理第三方均提出了具有高度专业性的要求，因此，实践中经常出现因法官对不良资产行业的了解程度、专业水平不同而造成裁判标准不统一的问题。在最高院关于不良资产处置指导案件数量不足、判例规则缺失的背景下，法官或仲裁员在面对新颖及复杂的不良资产市场化的商事纠纷时，归纳完善的行规有助于他们了解相关背景信息，并为判决提供辅助性说理或间接参考，有助于纠纷在尊重市场运行规律的前提下得到解决。③ 这既有利于商事司法与商事活动的协调，也有利于金融不良资产行业顺着市场发展的规律健康、稳步地发展。

最后，金融不良资产行规有助于防范金融风险，维护金融安全。金融安全是国家安全的重要组成部分，维护金融秩序稳定事关我国经

---

① 参见鲁篱《论金融司法与金融监管协同治理机制》，载《中国法学》2021年第2期。
② 参见周林彬《商业行规的类型化及法律适用》，载《浙江工商大学学报》2019年第5期。
③ 参见董淳锷《商业行规法律适用的实证研究》，法律出版社2020年版，第87页。

济社会发展全局。金融不良资产市场发展起步虽晚但速度迅猛，已经成为我国金融市场的重要组成部分。金融不良资产实践的发展速度飞快，随着监管政策的变化和金融行业的创新，在交易实践中衍生发展出各式各样的交易模式。金融不良资产交易涉及国家对金融机构的监管和金融风险的控制，通过修改法律法规或是颁布新法都难以及时解决不良资产交易市场化中出现的新问题，难以及时应对金融不良资产交易中出现的新情况，且存在成本过高的问题。行规对立法的补充恰恰能够很好地应对金融不良资产行业市场化发展的新形势，在严谨审慎的立法跟不上金融不良资产行业创新步伐的情况下，通过行业协会制定金融不良资产行业规范，能有效防范金融风险，维护金融安全。

小　　结

在接下来的章节中，本书将基于前期的调研成果，以广东地区为例，对广东省金融不良资产行业已经形成的行规进行系统性编纂和深入评述，为读者揭开金融不良资产行规"神秘的面纱"。如前文所述，根据金融不良资产行业的特点，本书将金融不良资产的交易和处置分为转让环节、受让环节、中间环节、末端处置环节，在此分类的基础上总结出各环节中存在的行规，并对每个行规按照"案例引入—相关行规—行规释义—行规评述—相关法律和案例"的结构进行系统研究。首先，通过真实案例或是模拟案例的争议点引出行规的适用场景；其次，对该行规进行提炼和描述；再次，对行规的各个要求进行系统解释；从次，结合相关法律、司法实践和基础理论对该行规进行详尽的评述；最后，提供相关的法律法规及司法案例，以供读者参考和理解。**需要特别说明的是，本书所使用的案例素材均源于真实的司法、仲裁与市场交易实践，但出于对参与调研的相关部门、企业、个人等主体的隐私进行保护，并避免触及可能涉及的商业秘密，本书对相关访谈及案例均进行了隐名化处理。**

本书旨在迈出金融不良资产行规研究的第一步，填补国内金融不良资产行规研究的空白，为后续金融不良资产行规的进一步整理、制定、实施提供有益经验。本书兼具理论性和实务性，不仅意在对金融不良资产行规进行学术研究，更期望能为立法机关的立法、政府部门的监管、司法机关和仲裁机构的裁判、市场主体的自律自治提供实务指引，促成金融不良资产市场形成"行政监管、行业自治、市场共治"的有序治理格局。如是，则功成矣。

第一章
金融不良资产转让环节的行规

金融不良资产的转让是其市场化处置的常见手段。金融不良资产的转让，是指金融不良资产出让人将金融不良资产及相关权利义务定向转让给受让人的行为。本章所涉及的行规，是对出让人一方提出的交易要求，出让人一方违反行规的，应当承担法律责任，因而将其概括为"转让环节的行规"。

考虑到现有的关于金融不良资产转让环节的监管法律法规主要调整的是金融不良资产一级市场的交易，较少涉及二级市场的交易，且从推动金融不良资产高效流转、促进行业健康发展的目的出发，以坚守金融安全为底线，课题组认为，金融不良资产二级市场的行规不宜采用严监管模式，而应总结梳理交易主体的行为习惯，以行规的形式维持金融不良资产转让环节的秩序。经调研发现，金融不良资产转让环节的交易实践中，以行规形式为交易主体提供行为指引的规则有提前锁定买家规则、交易事前信息披露规则、债权材料移交规则、不良资产定价折扣率规则、出让人的协助义务规则。

第一节　提前锁定买家规则

金融不良资产二级市场的投资者与持牌金融资产管理公司（包括金融资产管理公司和地方资产管理公司）约定在一定期限届满或特定条件满足后，将受让其从金融企业处取得的、现有的或未来将要取得的金融不良资产，并支付相应保证金，这是实践中常见的行为。这种做法通常是为了锁定交易机会、节约交易成本、提高成交概率。对于投资者而言，提前锁定的行为可提升其获取目标金融不良资产的可能性，锁定交易成本；对持牌金融资产管理公司而言，提前锁定买家的行为有利于最大化金融不良资产的转让价值。提前锁定买家合同本质上是预约合同，因此，合同项下的保证金类似于拍卖的竞买保证金。只要不违背金融不良资产处置应遵循的公开、公平、公正和竞争、择优原则，提前锁定买家合同原则上应当是合法有效的。

第一章　金融不良资产转让环节的行规

一、案例引入

银行 B 计划批量转让 20 户不良债权。金融不良资产组包后，银行 B 通过公开挂牌竞价程序对外转让该金融不良资产包。民营资产管理公司 A 在阅读该金融不良资产包转让公告后，进行了初步尽职调查和评估，计划以 300 万元收购该金融不良资产包。为提高收购成功概率，民营资产管理公司 A 与曾有过业务合作的持牌金融资产管理公司 C 协商，由民营资产管理公司 A 向持牌金融资产管理公司 C 出具承诺函并支付 50 万元的保证金，同时约定民营资产管理公司 A 预约收购持牌金融资产管理公司 C 再转让的该金融不良资产包。持牌金融资产管理公司 C 成功竞价收购银行 B 转让的该金融不良资产包后，因经营政策改变，未能向民营资产管理公司 A 再转让该金融不良资产包。民营资产管理公司 A 主张其与持牌金融资产管理公司 C 达成提前锁定买家的约定符合行规，持牌金融资产管理公司 C 应当承担违约责任并赔偿经济损失；持牌金融资产管理公司 C 则主张民营资产管理公司 A 与其达成提前锁定买家的约定因违法而无效。

案例中本行规适用的要点如下：

（1）民营资产管理公司 A 与持牌金融资产管理公司 C 预约收购持牌金融资产管理公司 C 从银行 B 收购的该金融不良资产包，这一约定是否合法？

（2）民营资产管理公司 A 是否有权主张持牌金融资产管理公司 C 违约？而持牌金融资产管理公司 C 应当承担什么法律责任？

（3）民营资产管理公司 A 通过与持牌金融资产管理公司 C 约定的方式提前锁定银行 B 批量转让的不良债权，什么情况下应当认定该约定违反法律法规规定？

（4）倘若民营资产管理公司 A 提前锁定银行 B 批量转让的不良债权的约定违反法律法规规定，该约定的法律效力应当如何认定？

二、相关行规

不良资产受让人可以向金融资产管理公司或地方资产管理公司预

约受让其现有的或未来可取得的不良资产,并支付相应保证金,但不得通过约定优先购买权、违约金等方式,对金融资产管理公司或地方资产管理公司依法处置不良资产造成实质性影响。

三、行规释义

提前锁定买家,是指在金融不良资产二级市场中,投资者与持牌金融资产管理公司约定,在满足特定条件后,前者受让后者现有的或未来可取得的金融不良资产。在有些情况下,前者会在该约定达成后向后者支付相应保证金,双方达成的协议称为"提前锁定买家合同",其法律性质为预约合同。但是,受金融不良资产处置规则的限制,金融不良资产转让行为应当公开、公平、公正和竞争择优,资产管理公司转让金融不良资产应采取拍卖、竞标、竞价转让或协议转让等方式。因此,提前锁定买家合同不能像一般预约合同一样对交易双方形成订立本约的绝对的、必然的、无限制的约束力,否则将可能因违反有关金融不良资产处置的强制性规定而被视为无效。

具体而言,提前锁定买家合同的合法边界在于,合同不得通过设置受让人优先购买权条款、出让人违约金条款等,使出让人负担与该特定投资者订立金融不良资产转让协议的义务。在此合法边界之内,提前锁定买家合同的双方当事人是金融不良资产二级市场的合格交易主体,合同出于交易双方的真实意思表示,不违反其他法律、行政法规的强制性规定,不违背公序良俗,则应当认可其合法性和有效性。

如果提前锁定买家合同约定了持牌金融资产管理公司作为名义受让人,代投资者从金融不良资产一级市场中购买金融不良资产,投资者作为实际受让人,实际享有金融不良资产的相关权利和权益的代持约定,或持牌金融资产管理公司作为投资者的代理人,从金融不良资产一级市场中购买金融不良资产的委托代理约定,或投资者对持牌金融资产管理公司从金融不良资产一级市场中购买的金融不良资产享有优先购买权、独占购买权等特殊权利,或约定持牌金融资产管理公司承担可强制执行的违约责任等,甚至双方采取签订"抽屉协议"等违反监管要求的交易操作，则应当根据《中华人民共和国民法典》①（简称《民法典》）第一百四十六条、第一百五十三条等规定，从实质内容上考察当事人的约定是否构成通谋虚伪的意思表示，或是否违反有关金融不良资产处置监管的强制性规则（例如金融不良资产一级市场的交易主体限制规则、金融不良资产转让公开竞价原则等），从而判断相关约定的效力。此外，对于提前锁定买家合同的效力认定和事实查明，还应当秉持实质重于形式、重视交易的整体性、目的与手段相适应的原则，准确辨明提前锁定买家合同的约定是否突破监管要求、是否实质性地影响了金融不良资产一级和二级市场的交易秩序。②

考虑到提前锁定买家合同具有区别于一般预约合同的特殊性，其违约责任应有如下特点：若出让人在依法以公开竞争的方式开展金融不良资产转让工作后，锁定买家合同的投资者未能从竞买中胜出，进而使得出让人不能依约向该投资者转让金融不良资产，出让人仅承担退还保证金的违约责任，不承担继续履行、赔偿损失等违约责任。但若投资者未如约参加竞买，或以低于双方约定的转让条件（如有）参加竞买，致使出让人不能出让该笔资产，或只能以低于双方约定的转让条件（如有）向该投资者或他人出让资产，造成出让人损失的，投资者应承担赔偿损失或双方约定的违约责任。

四、行规评述

课题组经过广泛的调研，并查阅大量的裁判文书后发现，提前锁

---

① 《中华人民共和国民法典》，自2021年1月1日起施行。

② 最高人民法院颁布的《关于进一步加强金融审判工作的若干意见》规定："对以金融创新为名掩盖金融风险、规避金融监管、进行制度套利的金融违规行为，要以其实际构成的法律关系确定其效力和各方的权利义务。"《全国法院民商事审判工作会议纪要》（法〔2019〕254号）也提出了"穿透式审判思维，查明当事人的真实意思，探求真实法律关系"的审判理念。最高人民法院、国家发展和改革委员会联合颁布的《关于为新时代加快完善社会主义市场经济体制提供司法服务和保障的意见》更明确要"按照'穿透监管'要求，剔除当事人之间通谋虚伪的意思表示，正确认定多层嵌套金融交易合同下的真实交易关系。按照功能监管要求，对以金融创新为名掩盖金融风险、规避金融监管、进行制度套利的违规行为，以其实际构成的法律关系认定合同效力和权利义务"。

定买家行为在金融不良资产二级市场实践中比较重要且常见。例如，"在某贸易公司与某资产管理公司合同纠纷案"①中，投资者通过出具承诺函并支付100万元保证金的方式，向出让人资产管理公司承诺以不低于893万元的竞价参与涉案金融不良资产的竞拍，实现金融不良资产的预约受让。在"某资产管理公司与某房地产开发公司、某某房地产开发公司债权转让合同纠纷案"②中，投资者与出让人约定前者在同等条件下优先收购涉案金融不良资产债权，同时约定金融不良资产转让价格不高于10500万元。

  目前，对于这种为响应现实需求而在实践中发展出来的金融创新行为，我国缺乏法律法规对其有效性予以承认并加以规制。法律规定的空白导致司法实践对提前锁定买家合同的效力问题意见不一③，这一混乱的局面既不利于为主体提供确切、稳定的预期，也无助于促进提前锁定买家行为在法律边界之内最大限度地发挥节约交易成本、优化资源配置的积极效用。为跟进金融市场高速发展的步伐，清除法律供给不足给金融不良资产市场的有序运行带来的障碍，有必要引入关于提前锁定买家的行业规范，为市场提供基本的运行规则。课题组在走访实践并深入理论探析后总结出提前锁定买家规则，以勾勒提前锁定买家行为的合法边界，并以确认该行为的合法有效性为规则要旨，确定了该规则具有法律和法理基础。

  金融不良资产二级市场的投资者与持牌金融资产管理公司约定在一定期限届满或满足特定条件后，将受让其现有的或未来可取得的金融不良资产，本质上属于预约合同，不必然违反法律或行政法规的强制性规定。所谓预约，是约定将来成立一定契约的契约，预约的内容在于使当事人负有成立本契约的义务。④在实践中，预约合同最核心的功能是锁定交易机会，使交易主体得以在控制交易成本的同时提升

---

① 见本书第一章第一节案例二。
② 见本书第一章第一节案例一。
③ 有的法院以优先购买权是一种法定权利、不允许当事人自由约定为由，否定了买家提前锁定；但有的法院则认定这是合法有效的行为。
④ 参见郑玉波《民法债编总论》（修订2版），中国政法大学出版社2004年版，第30页。

未来交易成功的概率，有利于提高经济效益。① 为顺应经济社会的发展，适应预约合同广泛适用的实践现状，《民法典》在吸收有关司法解释规定的基础上，明确将预约合同确立为一项基本的民事制度，适用于各种交易活动。② 提前锁定买家合同，则是金融不良资产市场参与主体出于锁定交易机会、优化交易设计、节约交易成本、提高金融不良资产处置收益等需求，设计出的一种预约合同。在合同内容不违反法律或行政法规强制性规定、不违反公序良俗的前提下，预约合同本身合法有效。

但是，考虑到提前锁定买家合同产生并适用于金融不良资产交易市场，该行业受到严格的监管。因此，提前锁定买家合同的内容不得违反金融不良资产行业的刚性监管要求，否则将导致合同无效。例如，根据《金融资产管理公司条例》第二十六条、《不良金融资产处置尽职指引》③ 第四条、《金融资产管理公司资产处置管理办法（修订）》④ 第十九条规定，作为二级市场出让人的金融资产管理公司在处置不良资产时应当按照公开、公平、公正和竞争、择优的原则运作，原则上应采取公开竞价方式转让资产。与此同时，地方资产管理公司也须根据《关于加强地方资产管理公司监督管理工作的通知》等法律法规的要求开展金融不良资产转让和处置业务。若提前锁定买家合同当事人通过设置受让人优先购买权条款、出让人违约金条款等方式，实质造成了其他竞买人不能公平有效地参与竞争、公开竞价流于形式、资产处置收益不能最大化等问题，则应认定该协议因违反上述强制性规定而无效。这一认定规则已经得到司法实践的认可，最高人民法院在某资产管理公司与某房地产开发公司债权转让合同纠纷案中以"是否排除其他竞买人的报价，是否使资产变现价值受损"作

---

① 参见焦清扬《预约合同的法律构造与效力认定》，载《社会科学》2016年第9期。
② 参见黄薇主编《中华人民共和国民法典合同编解读》，中国法制出版社2020年版，第115页。
③ 银监会、财政部：《不良金融资产处置尽职指引》（银监发〔2005〕72号），2005年11月18日发布。
④ 财政部：《金融资产管理公司资产处置管理办法（修订）》（财金〔2008〕85号），2008年7月9日发布。

为认定不良资产转让协议效力的主要理由。这本质上是根据《民法典》第一百四十三条，通过检验提前锁定买家合同是否违反《金融资产管理公司条例》第二十六条这一行政法规的强制性规定来判断合同效力。

金融不良资产二级市场投资者通过预约受让持牌金融资产管理公司未来可取得的金融不良资产，可以实现对一级市场交易标的的锁定，进而有利于提高金融企业不良资产的处置率。在当前的法律法规及政策下，金融企业批量转让不良资产的受让主体仅可以是银保监会核准的金融资产管理公司以及地方政府设立或授权的地方资产管理公司，金融不良资产二级市场的投资者无法涉足一级市场的交易。通过提前锁定买家，二级市场投资者即可实现提前锁定一级市场交易标的，借助持牌金融资产管理公司之"手"从一级市场中取得目标不良资产，继而通过参与二级市场的公开竞买或私下协议约定的方式受让该不良资产。允许二级市场投资者采取这种迂回的方式有针对性地投资一级市场交易标的，有利于二级市场投资者在合法的框架内最大限度地实施其投资战略，有利于拓宽一级市场交易标的的处置渠道，有利于一级市场投资者无后顾之忧地收购特定不良资产，从而有助于活跃金融不良资产交易市场，提升金融不良资产盘活率。

金融不良资产二级市场的投资者与持牌金融资产管理公司约定在一定期限届满或满足特定条件后，将受让其现有的或未来可取得的不良资产，因此，支付的保证金本质上类似于拍卖的竞买保证金，具有债权担保的效力。关于竞买保证金的内涵及功能，广东省高级人民法院在某拍卖公司与某资产管理公司拍卖合同纠纷案中指出，"竞买人于参拍前向拍卖人缴纳一定数额的竞买保证金，系目前拍卖行业的惯例。《中华人民共和国拍卖法》未规定竞买保证金，该保证金也不属于《中华人民共和国担保法》和《中华人民共和国物权法》规定的担保方式，应属于一种民间的约定，不具有物权效力，其实质在于保证受让人如约履行拍卖合同，保证拍卖人、委托人的债权得到实现"。本书认为，提前锁定买家合同的保证金也有类似目的与功能。

五、相关法律和案例

(一)关于预约合同的规定

《民法典》：

第四百九十五条　当事人约定在将来一定期限内订立合同的认购书、订购书、预订书等，构成预约合同。

当事人一方不履行预约合同约定的订立合同义务的，对方可以请求其承担预约合同的违约责任。

(二)关于金融企业转让不良资产的规定

《金融企业不良资产批量转让管理办法》①：

第六条　不良资产批量转让工作应坚持依法合规、公开透明、竞争择优、价值最大化原则。（一）依法合规原则。转让资产范围、程序严格遵守国家法律法规和政策规定，严禁违法违规行为。（二）公开透明原则。转让行为要公开、公平、公正，及时充分披露相关信息，避免暗箱操作，防范道德风险。（三）竞争择优原则。要优先选择招标、竞价、拍卖等公开转让方式，充分竞争，避免非理性竞价。（四）价值最大化原则。转让方式和交易结构应科学合理，提高效率，降低成本，实现处置回收价值最大化。

第十四条　发出要约邀请。金融企业可选择招标、竞价、拍卖等公开转让方式，根据不同的转让方式向资产管理公司发出邀请函或进行公告。邀请函或公告内容应包括资产金额、交易基准日、五级分类、资产分布、转让方式、交易对象资格和条件、报价日、邀请或公告日期、有效期限、联系人和联系方式及其他需要说明的问题。通过公开转让方式只产生一个符合条件的意向受让方时，可采取协议转让方式。

第十六条　确定受让方。金融企业根据不同的转让方式，按照市场化原则和国家有关规定，确定受让资产管理公司。金融企业应将确

---

① 财政部、银监会：《金融企业不良资产批量转让管理办法》（财金〔2012〕6号），2012年1月18日发布。

定受让方的原则提前告知已注册的资产管理公司。采取竞价方式转让资产,应组成评价委员会,负责转让资产的评价工作,评价委员会可邀请外部专家参加;采取招标方式应遵守国家有关招标的法律法规;采取拍卖方式应遵守国家有关拍卖的法律法规。

第三十二条 金融企业应严格遵守国家法律法规,严禁以下违法违规行为:……(二)违反规定程序擅自转让不良资产。

(三)关于金融资产管理公司转让不良资产的部分规定

1. 《金融资产管理公司条例》:

第二十六条 金融资产管理公司管理、处置因收购国有银行不良贷款形成的资产,应当按照公开、竞争、择优的原则运作。金融资产管理公司转让资产,主要采取招标、拍卖等方式。金融资产管理公司的债权因债务人破产等原因得不到清偿的,按照国务院的规定处理。金融资产管理公司资产处置管理办法由财政部制定。

2. 《不良金融资产处置尽职指引》:

第四条 银行业金融机构和金融资产管理公司在处置不良金融资产时,应遵守法律、法规、规章和政策等规定,在坚持公开、公平、公正和竞争、择优的基础上,努力实现处置净回收现值最大化。

第二十八条 对不良金融资产进行转让的,包括拍卖、竞标、竞价转让和协议转让等方式。(一)采用拍卖方式处置资产的,应遵守国家拍卖有关法律法规,严格监督拍卖过程,防止合谋压价、串通作弊、排斥竞争等行为。(二)采用竞标方式处置资产的,应参照国家招投标有关法律法规,规范竞标程序。(三)采用竞价转让方式处置资产的,应为所有竞买人提供平等的竞价机会。(四)当采用拍卖、竞标、竞价等公开处置方式在经济上不可行,或不具备采用拍卖、竞标、竞价等公开处置方式的条件时,可采用协议转让方式处置,同时应坚持谨慎原则,透明操作,真实记录,切实防范风险。(五)采用拍卖、竞标、竞价和协议等方式转让不良金融资产的,应按照有关规定披露与转让资产相关的信息,最大限度地提高转让过程的透明度。

3. 《金融资产管理公司资产处置管理办法（修订）》：

第十九条　资产公司转让资产原则上应采取公开竞价方式，包括但不限于招投标、拍卖、要约邀请公开竞价、公开询价等方式。其中，以招投标方式处置不良资产时，应按照《中华人民共和国招标投标法》的规定组织实施。以拍卖方式处置资产，应选择有资质的拍卖中介机构，按照《中华人民共和国拍卖法》的规定组织实施。招标和拍卖的底价确定按资产处置程序办理。以要约邀请公开竞价、公开询价等方式处置时，至少要有两人以上参加竞价，当只有一人竞价时，需按照公告程序补登公告，公告7个工作日后，如确定没有新的竞价者参加竞价才能成交。资产公司未经公开竞价处置程序，不得采取协议转让方式向非国有受让人转让资产。

第三十六条　资产公司及其任何个人，应对资产处置方案和结果保守秘密。除国家另有规定以及资产公司为了处置资产必须公布有关信息外，严禁对外披露资产公司资产处置信息。

4. 《最高人民法院关于审理涉及金融不良债权转让案件工作座谈会纪要》①：

六、关于不良债权转让合同无效和可撤销事由的认定。会议认为，在审理不良债权转让合同效力的诉讼中，人民法院应当根据合同法和《金融资产管理公司条例》等法律法规，并参照国家相关政策规定，重点审查不良债权的可转让性、受让人的适格性以及转让程序的公正性和合法性。金融资产管理公司转让不良债权存在下列情形的，人民法院应当认定转让合同损害国家利益或社会公共利益或者违反法律、行政法规强制性规定而无效。……（三）与受让人恶意串通转让不良债权的；（四）转让不良债权公告违反《金融资产管理公司资产处置公告管理办法（修订）》规定，对依照公开、公平、公正和竞争、择优原则处置不良资产造成实质性影响的；……（七）根据有关规定应当采取公开招标、拍卖等方式处置，但未公开招标、拍

---

① 最高人民法院：《最高人民法院关于审理涉及金融不良债权转让案件工作座谈会纪要》（法发〔2009〕19号），2009年3月10日发布。

卖的；或者公开招标中的投标人少于三家（不含三家）的；或者以拍卖方式转让不良债权时，未公开选择有资质的拍卖中介机构的；或者未依照《中华人民共和国拍卖法》的规定进行拍卖的。

（四）关于金融不良资产提前锁定买家的司法案例

在"某资产管理公司与甲房地产开发公司、乙房地产开发公司债权转让合同纠纷案"中，二审法院认为，资产管理公司、甲公司、乙公司签订的债权转让合作协议，是资产管理公司处置不良资产的行为，该协议主要约定了乙公司在同等条件下优先收购资产管理公司持有甲公司的债权，同时还约定了乙公司受让债权的价格不高于10500万元。该协议约定的优先收购债权为乙公司享有优先购买权，优先购买权是一种法定权利，不允许当事人自由约定设立。资产管理公司处置其资产时，虽然在签订债权转让合作协议后发布了资产处置公告，但债权转让合作协议约定优先购买权和受让价格的行为，可能会导致出现其他竞买人不能公平有效参与竞争、公开竞价流于形式、资产处置收益不能最大化等问题，对资产公司处置资产的公开、竞争、择优等原则造成实质性影响，扰乱资产公司处置资产的秩序。国务院制定的《金融资产管理公司条例》第二十六条规定："金融资产管理公司管理、处置因收购国有银行不良贷款形成的资产，应当按照公开、竞争、择优的原则运作。金融资产管理公司转让资产，主要采取招标、拍卖等方式。"据此，债权转让合作协议约定的内容已经违反了《金融资产管理公司条例》第二十六条的规定。根据《中华人民共和国合同法》第五十二条的规定："有下列情形之一的，合同无效：……（五）违反法律、行政法规的强制性规定。"应认定资产管理公司、甲公司、乙公司签订的债权转让合作协议因违反法律、行政法规的强制性规定而无效。故一审法院认定合同有效并判决解除合同的处理不当，应予纠正。

但最高人民法院在再审审查中纠正了二审法院的观点并指出，优先购买权制度实际上是使优先购买权人在同等条件下能得到交易机会的保护，并不会排除其他竞买人的报价、不会使资产变现价值受损。从债权转让合作协议的约定内容来看，并未排除其他竞买人参与竞买的机会，亦未损害资产管理公司的权益。故该协议并未违反《金融资产管理公司条例》第二十六条的规定。由上，案涉债权转让合作协议不存在《中华人民共和国合同法》第五十二条规定的无效之情形，原判决关于该协议效力的认定法律适用错误。①

案例二

在"某贸易公司与某资产管理公司合同纠纷案"中，贸易公司向资产管理公司出具承诺函一份，言明：其有意向购买某有限公司项目资产；为表示诚意，其自愿在本承诺书作出后的7个工作日内向资产管理公司支付人民币100万元保证金，若其未按时参与前述资产的竞价或参与竞价但报价未达到893万元，资产管理公司有权没收该保证金；对因其未按时参与前述资产的竞价或未有效竞价导致资产管理公司没收前述保证金的，其自愿承担该损失，承诺不要求资产管理公司退还。后因贸易公司未按时参与竞拍导致债权资产在第一次拍卖中流拍，故资产管理公司已没收保证金100万元，不予退还。嗣后，贸易公司以承诺函内容显失公平为由提起本案诉讼。

出让人资产管理公司答辩称：贸易公司向资产管理公司出具承诺函并支付保证金，并不存在重大误解或显失公平的情形，贸易公司违约造成资产管理公司巨额经济损失，无权要求资产管理公司返还100万元保证金。理由如下：资产管理公司作为收购、处置银行不良资产的国有企业，不良资产的处置基本上通过债权转让和向债务人追偿两种途径。通过债权转让方式处置的，业务经理通过和意向客户的谈

---

① 最高人民法院（2019）最高法民申5039号民事裁定书，甘肃省高级人民法院（2019）甘民终433号民事判决书。

判、协商，在意向客户自愿承诺以不低于一定价格竞买并支付一定金额保证金的前提下，通过公开拍卖的方式处置资产包。这也是四大资产管理公司处置不良资产的行业惯例。资产管理公司在处置资产包前也委托评估公司对资产包进行了评估，贸易公司在出具承诺书之前对资产包已经作了详尽的了解，双方在平等自愿的情况下协商，并不存在显失公平的情况。

法院认为，贸易公司向资产管理公司出具的承诺函未违反法律与行政法规的强制性规定，应认定有效；现有证据不足以证明该承诺函的出具过程存在重大误解或显失公平的情形，故贸易公司要求行使撤销权缺乏事实与法律依据。贸易公司主张其未能按照相关承诺参加拍卖的行为，系与资产管理公司工作人员协商的结果，但未提供证据证明，本院不予采信；资产管理公司按照贸易公司的相关承诺没收保证金，符合双方约定，法院予以支持。①

第二节　交易事前信息披露规则

金融不良资产二级市场中，不同主体之间的信息搜集能力、信息核实能力、信息分析能力存在较大差异，且整体上弱于一级市场参与主体，导致多数主体拒绝参与存在跨行业、跨地域或超出自身既有交易经验等风险的不良资产的交易。与此同时，主要交易方式为协议转让、通过产权交易所和互联网拍卖平台等交易平台进行转让，市场相对分散，存在较为严重的信息披露不充分、信息标准化程度低、披露渠道碎片化等问题，增加了主体的尽职调查成本。此外，不良资产包进入二级市场后，一般均会经历多次转让、"拆包"、"再组包"、证券化等的交易流程，缺乏标准化不良资产信息披露内容的行业规范，将增加交易流程各主体开展重复性尽职调查的整体成本。金融不良资

---

① 杭州市中级人民法院（2016）浙01民终6905号民事判决书。

产交易事前的信息披露要求既是金融不良资产行业的交易习惯，也有利于解决上述问题。

一、案例引入

资产管理公司 A 与资产管理公司 B 签订不良资产转让协议，双方经协商，就收购不良资产包清单所列明一系列不良资产的转让事宜达成一致。资产管理公司 A 在处置该不良资产包的过程中，发现不良资产包内债务企业 C 的财产并未被查封，且无法确定该债权已设定抵押。在双方签订合同前，资产管理公司 B 在其发布的不良资产包处置公告中，在对债务企业 C 的具体情况进行描述时提及了不良资产包中的债权涉及抵押担保并已进入执行查封程序，但在合同等文件资料中强调了不良资产包为"按现状带瑕疵转让"以及出让人不承担瑕疵担保责任的相关约定。资产管理公司 A 主张，资产管理公司 B 在合同等文件资料中试图撇清其交易事前的信息披露责任。但根据行规，资产管理公司 B 仍不能豁免其因对债务企业 C 的信息披露不当而应当承担的法律责任；资产管理公司 B 则主张其已声明不承担不良资产包存在权利瑕疵的任何责任，拒绝承担任何法律责任。

上述案例中本行规适用的要点如下：

（1）资产管理公司 B 应当在交易事前将不良资产包的什么信息向潜在受让人进行披露？

（2）资产管理公司 B 应当通过什么方式或途径向潜在受让人披露不良资产包的债权项目和债权内容等信息？

（3）资产管理公司 A 能否主张资产管理公司 B 对债务企业 C 的信息披露不当而应当承担相应法律责任？

（4）倘若资产管理公司 A 愿意承担债务企业 C 的真实情况所带来的不良资产包的任何风险，资产管理公司 A 与资产管理公司 B 应如何通过约定方式，豁免资产管理公司 B 所披露该信息可能与真实情况存在出入的责任？

二、相关行规

除非不良资产出让人以公开方式告知或在书面协议中明确列举本

次不良资产转让不符合交易事前信息披露要求的情形,并与受让人以书面形式约定受让人放弃追究相关责任,否则出让人应当公告或通过书面方式向受让人披露对于不良资产的交易价格和受让人的法定权利具有重大影响的信息。

违反不良资产交易事前信息披露的要求,未披露或披露不实且受让人未书面同意豁免的,出让人应当承担补充披露等违约责任。

三、行规释义

金融不良资产受让人就收购不良资产的出价往往会受到出让人事前提供信息的影响,同时考虑到不良资产转让一般为非实物转让,受让人仅能依据不良资产包清单的债权列示和公告中的情况描述等文字信息,对不良资产的价值进行判断,可见受让人能否作出正确估值,严重依赖于出让人所提供信息的完整性和准确性。因此,出让人应当在完成不良资产包的最终交割以前,即在资产推介公告、拍卖公告或与受让人签订的不良资产转让协议中将相关信息进行披露,事后的说明或告知内容不构成不良资产信息披露义务的履行。

虽然不良资产涉及的资产类型、所属行业、地域等具有多样性,受让人的偏好、能力等也存在较大差异,但是潜在受让人、受让人所需要的基本交易信息具有高度的相似性。对于不良资产包的交易价格和不良资产受让人的法定权利具有重大影响的信息,属于不良资产出让人应当披露的基本交易信息的范围,包括但不限于以下信息。

不良资产在确定计算不良资产包账面金额的截止日以前及以后产生利息(包括逾期利息、复利)的情况;不良资产的主债务人、担保人是否存在缺乏清偿能力或存在破产、被解散、被注销、被撤销、被关闭、被吊销、歇业、下落不明、死亡以及其他主体存续性瑕疵等情况;不良资产的诉讼时效已届满或丧失相关的法定期间,因主债务人、担保人的有效抗辩而不能实现、不能通过强制执行实现等情况;不良资产的担保合同无效或被撤销,或担保人没有过错或仅承担部分过错责任的情况;不良资产的担保合同约定主债权不可转让或只对特定债权人承担担保责任的情况;不良资产的主合同或担保合同的合同主体签字盖章不真实、不完整的情况；不良资产的主债务人或担保人提供的公司章程、股东（大）会决议、董事会决议或其他有权机关决议文件错误、虚假、效力存疑等情况；不良资产的主债务人或担保人可能与出让人已达成债权全部或部分放弃的协议，或者资产包中的部分债权及相关权益可能已被全部或部分减免、被抵销、被清偿等情况；不良资产的担保物权因担保物灭失、损毁而消灭，且没有代位物或其他物上代位权可行使的情况；不良资产的抵（质）押应办理登记而未办理，抵（质）押权实际未成立或无法对抗第三人的情况；不良资产的最高额抵押，可能因决算期届满或虽决算期未届满但发生一次或数次转让，从而可能造成抵押权甚至主债权落空风险的情况；不良资产项下已经进入诉讼程序的不良资产项目可能存在因超过法定上诉期限、申请执行期限等而无法获得法律保护，全部或部分债权业经法院或仲裁机构裁判未获得支持的情况；不良资产可能存在未通知债务人或担保人而致使该等转让尚未对主债务人或担保人发生法律效力的情况；不良资产的保证人的保证责任可能因保证期间届满而被免除的情况；不良资产所涉及文件可能存在不完整、原件遗失、灭失或自始不存在的，或内容冲突等相关情形，非由出让人制作及参与制作的文件资料在真实性、合法性、原始性等方面存在风险的情况；不良资产的担保物可能存在被非法出售、被自行变卖偿债，或者因无法查找到担保物下落而导致无法处置风险的情况；不良资产的担保物可能存在欠缴税费或滞纳金、无相关权属证明、无法办理权属变更手续、不能实际占有、丧失使用价值或其他减损担保物价值等可能严重影响价值评估的风险、瑕疵或缺陷的情况。

不良资产出让人披露的基本交易信息方式，包括但不限于在报刊、宣传册、互联网网站或平台等公开地推广或说明，或在非公开的推广、接洽、协商、签订有关合同、资料移交、补充信息等过程中，不良资产出让人向受让人出具任何书面文件，相关内容违反不良资产交易事前信息披露的要求而未披露或披露不实的，出让人应当承担补充披露等违约责任，不良资产出让人不得以前手出让人未披露相关信息为由拒绝履行该义务。

此外,考虑到不良资产出让人确有可能因法律上不能或事实上不能获取不良资产的个别信息,不良资产出让人可以公开方式告知或在书面协议中明确列举本次不良资产转让不符合交易事前信息披露要求的情形,并与受让人以书面形式约定受让人放弃追究相关责任,明确告知受让人相关信息缺失的风险,以此可豁免其对特定信息的信息披露义务。

四、行规评述

作为金融不良资产一级市场主要出让人的金融企业,需遵守银行业监督管理法律法规和行业规范,尤其是根据《金融企业不良资产批量转让管理办法》规定的公开透明原则,公开、公平、公正、及时、充分地披露不良资产相关信息。因此,一级市场的主要受让人——金融资产管理公司、地方资产管理公司、五大国有股份制银行的资产投资公司——可以获得较为完整和充分的不良资产相关信息。与此同时,其在参与二级市场活动中,直接适用或参照适用《金融资产管理公司资产处置管理办法(修订)》《金融资产管理公司资产处置公告管理办法(修订)》① 等法律法规和《不良金融资产处置尽职指引》等政策规定,对不良资产相关信息履行严格的公告和书面说明程序。但对未受相关法律法规和政策规定规范的民营资产管理公司、外资机构和个人投资者等二级市场参与主体而言,以及对较少受到监管的非批量转让交易方式而言,对不良资产交易事前的信息披露缺乏要求,也缺乏对违反不良资产交易事前信息披露要求的明确的法律后果,导致不良资产信息披露的范围、内容、标准和方式不标准、不规范、不统一,对不良资产定价估值的准确度、后续资产处置效率和效益产生了负面影响。

本课题组经调研发现,为避免上述问题,在实践中,广东地区的民营资产管理公司、个人投资者和外资机构对不良资产信息披露的范

---

① 财政部、银监会:《金融资产管理公司资产处置公告管理办法(修订)》(财金〔2008〕87号),2008年7月11日发布。

围、内容、标准和方式存在一定共识，一般借鉴一级市场参与主体的相关合同文本和交易流程，形成了自身的格式合同文本和交易流程，不良资产出让人信息披露的范围、内容、标准和方式已相对统一，不良资产受让人对不良资产包也有相对固定的信息披露要求。此外，其他地区或交易平台也形成了关于不良资产交易信息披露的行业规范。例如，北京金融资产交易所发布的《不良资产交易信息披露标准化研究》①为北京金融资产交易所的市场成员的信息披露行为提供了一定参考，也为中介服务机构的专业服务活动提供了一定指导；天津市互联网金融协会发布的《不良资产交易信息披露标准》属于团体标准，为天津市互联网金融协会从事不良资产交易的会员单位提供了不良资产交易信息披露规范化的框架性指南。

虽然我国相关法律法规和政策规定对民营资产管理公司、个人投资者和外资机构等主体参与金融不良资产二级市场并未明确提出不良资产交易事前信息披露的标准及其法律后果，但基于行业的交易习惯，以行业规范的形式明确交易事前信息披露要求，具有法律和法理基础。

不良资产出让人在转让不良资产前披露重要信息，是根据诚实信用原则和其他法律法规明文规定的法定义务。根据《民法典》第七条规定，民事主体从事民事活动应当遵循诚信原则，而出让人转让不良资产前披露重要信息是诚实信用原则的要求。有些主体利用行业内普遍认可的风险自负精神，企图完全免除瑕疵担保责任，甚至以合同已有约定为由故意不告知不良资产的重大瑕疵，或者故意告知债权的不实信息或无关情况，使无关信息与交易标的不良债权相关的重要信息相混淆，以达到最高价格转让债权的目的。交易事前信息披露规则有利于避免类似的违反诚实信用原则的交易行为，从而规范市场秩序。而交易事前信息披露规则要求出让人就对不良资产包的交易价格和不良资产受让人的法定权利具有重大影响的信息向受让人进行披

---

① 该研究报告具体包括《不良资产交易基本信息描述规范》《不良资产交易中介服务机构尽职调查规范》《不良资产交易信息披露资产评估报告规范》《不良资产交易信息披露法律意见书规范》《不良资产交易信息披露专业咨询意见书规范》五个文件。

露，应当披露相关信息而未披露或披露不实的不良资产，类推构成买卖合同的标的物瑕疵，根据《民法典》第六百一十八条及最高人民法院《关于审理买卖合同纠纷案件适用法律问题的解释》① 第三十二条的规定，出让人应当承担瑕疵担保责任。而不良资产出让人故意欺骗他人，使不良资产受让人基于对出让人应当披露而未披露或披露不实的相关信息而陷入错误判断，并基于此错误判断作出意思表示的，根据《民法典》第一百四十八条的规定，受欺诈的受让人则有权请求人民法院或者仲裁机构予以撤销。

此外，特殊交易方式下，不良资产出让人信息披露义务更是来源于法律的明文规定。例如，通过拍卖方式交易不良资产，需遵守《中华人民共和国拍卖法（2015 修正）》② （简称《拍卖法》）的规定，不良资产出让人应当向拍卖人说明拍卖标的的来源和瑕疵。

而不良资产出让人披露信息义务的具体范围和内容可由交易双方约定免责的规定，具有合法性基础。根据《民法典》第一百四十三条、第一百五十三条等相关规定，目前国家法律、行政法规并未对不良资产出让人信息披露的具体范围和内容作出强制性规定。信息披露义务的具体范围和内容之约定，不损害国家、集体或第三人合法利益，更不会出现违反伦理和善良风俗的情况。因此，不良资产买卖双方对信息披露义务的内容和范围的具体约定合法有效。

明确不良资产交易事前信息披露的要求，有助于降低不良资产受让人在限定时间内尽职调查的难度和成本。受让人尽职调查的成本高昂，难度很大。为判断不良资产投资是否能够获得合理回报，受让人需要收集的信息包括不良资产包账面金额的截止日以前及以后产生利息（包括逾期利息、复利等）的情况；主债务人、担保人是否存在缺乏清偿能力等情况；不良资产项目的诉讼时效是否已届满，或丧失相关的法定期间等情况；不良资产项目的担保合同无效或被撤销，或

---

① 最高人民法院：《关于审理买卖合同纠纷案件适用法律问题的解释（2020 修正）》，2020 年 12 月 23 日发布。

② 全国人大常委会：《中华人民共和国拍卖法（2015 修正）》（中华人民共和国主席令第 24 号），自 2015 年 4 月 24 日起施行。

担保人没有过错或仅承担部分过错责任的情况；不良资产项目的担保合同约定主债权不可转让或只对特定债权人承担担保责任的情况等。这些信息仅依靠一般的调查方式，如书面审查、网络搜索等往往难以获得，而有的相关信息可能已经被出让人所掌握。因此，披露一些出让人已经掌握的信息，可以节约受让人大量的信息搜索成本，降低尽职调查的难度，从而降低投资门槛，增加市场活跃度。

五、相关法律和案例

（一）关于不良资产一级市场信息披露基本要求的规定

1. 《金融企业不良资产批量转让管理办法》：

第六条　不良资产批量转让工作应坚持依法合规、公开透明、竞争择优、价值最大化原则。……（二）公开透明原则。转让行为要公开、公平、公正，及时充分披露相关信息，避免暗箱操作，防范道德风险。

第三十二条　金融企业应严格遵守国家法律法规，严禁以下违法违规行为：……（四）抽调、隐匿原始不良资产档案资料，编造、伪造档案资料或其他数据、资料。

2. 《不良金融资产处置尽职指引》：

第十二条　……剥离（转让）方和收购方应当以协议的形式规定，如果剥离（转让）中存在弄虚作假、隐瞒报失等情况的，收购方可以要求剥离（转让）方予以纠正，也可以拒绝接受该项资产。

第四十四条　银行业金融机构和金融资产管理公司应按有关规定及时、真实、完整地披露不良金融资产信息，提高资产处置透明度，增强市场约束。

3. 《金融资产管理公司资产处置管理办法（修订）》：

第二十八条　资产公司必须按规定的范围、内容、程序和时间等要求进行资产处置公告，国家有关政策另有规定除外。特殊情况不宜公告的需由相关政府部门出具证明。

4. 《最高人民法院关于审理涉及金融不良债权转让案件工作座谈会纪要》：

六、关于不良债权转让合同无效和可撤销事由的认定。会议认为，在审理不良债权转让合同效力的诉讼中，人民法院应当根据合同法和《金融资产管理公司条例》等法律法规，并参照国家相关政策规定，重点审查不良债权的可转让性、受让人的适格性以及转让程序的公正性和合法性。金融资产管理公司转让不良债权存在下列情形的，人民法院应当认定转让合同损害国家利益或社会公共利益或者违反法律、行政法规强制性规定而无效。……（五）实际转让的资产包与转让前公告的资产包内容严重不符，且不符合《金融资产管理公司资产处置公告管理办法（修订）》规定的。

（二）关于不良资产一级市场信息披露具体项目的规定

1. 《金融企业不良资产批量转让管理办法》：

第十二条　制定转让方案。金融企业制定转让方案应对资产状况、尽职调查情况、估值的方法和结果、转让方式、邀请或公告情况、受让方的确定过程、履约保证和风险控制措施、预计处置回收和损失、费用支出等进行阐述和论证。转让方案应附卖方尽职调查报告和转让协议文本。

第十五条　组织买方尽职调查。金融企业应组织接受邀请并注册竞买的资产管理公司进行买方尽职调查。（一）金融企业应在买方尽职调查前，向已注册竞买的资产管理公司提供必要的资产权属文件档案资料和相应电子信息数据，至少应包括不良资产重要档案复印件或扫描文件、贷款五级分类结果等。（二）金融企业应对资产管理公司的买方尽职调查提供必要的条件，保证合理的现场尽职调查时间，对于资产金额和户数较大的资产包，应适当延长尽职调查时间。

第三十条　金融企业应在法律法规允许的范围内及时披露资产转让的有关信息，同时充分披露参与不良资产转让关联方的相关信息，提高转让工作的透明度。上市金融企业应严格遵守证券交易所有关信息披露的规定，及时充分披露不良资产成因与处置结果等信息，以强化市场约束机制。

2.《不良金融资产处置尽职指引》：

第九条　银行业金融机构和金融资产管理公司剥离（转让）不良金融资产：（一）剥离（转让）方应做好对剥离（转让）资产的数据核对、债权担保情况调查、档案资料整理、不良金融资产形成原因分析等工作；剥离（转让）方应向收购方提供剥离（转让）资产的清单、现有全部的档案资料和相应的电子信息数据；剥离（转让）方应对己方数据信息的实实（时）性和准确性以及移送档案资料的完整性做出相应承诺，并协助收购方做好资产接收前的调查工作。

第四十五条　不良金融资产处置中，如果一方有能力直接或间接控制、共同控制另一方或对另一方施加重大影响，则他们之间存在关联方关系；如果两方或多方同受一方控制，则他们之间也存在关联关系。关联方参与不良金融资产处置，应充分披露处置有关信息；如存在其他投资者，向关联方提供的条件不得优于其他投资者。

3.《金融资产管理公司资产处置公告管理办法（修订）》：

第六条　资产处置公告应至少包括以下内容：（一）资产状态描述，包括资产的名称、种类、所在地、标的金额、数量、涉及的抵押、担保及其他情况等；（二）资产处置的意思表示；（三）提请对资产处置项目征询或异议的意思表示，征询或异议的有效期限；（四）对交易对象资格和交易条件的要求；（五）联系人及联系方式；（六）对排斥、阻挠征询或异议的举报方式；（七）公告发布的日期及有效期限；（八）其他需要说明的情况。

（三）关于不良资产交易事前信息披露的司法案例

案例一

在"某农业发展公司与某资产管理公司债权转让合同纠纷案"中，出让人资产管理公司官方网站发布的资产包处置公告对案涉食品厂债权的具体情况描述已提及资产包中的债权涉及抵押担保并已进入执行查封程序，另在委托拍卖行发布的拍卖会拍卖资料中描述了该债权资产包的担保情况，另在"特别约定"条款中注明"已知的瑕疵：①资产包内债务企业均已停业，职工安置问题尚未解决，债务企业的抵押财产、查封财产处理时可能优先用于解决职工安置问题；②抵押财产、查封财产的面积可能与实际情况有出入，最终以房地产管理部门提供的数据为准"等。但直至本案诉讼中，资产管理公司才明确提出其实际转让的涉及食品厂的债权内容仅为两项借款合同债权，而该两项债权既未进入执行程序，也无法确定已设定抵押，即实际转让的债权性质与其拍卖前以公告形式展示的标的债权性质不符。法院认为，根据最高人民法院《关于审理买卖合同纠纷案件适用法律问题的解释（2020修正）》第三十二条规定，即便在上述合同、文件资料中多次写明案涉债权包为"按现状带瑕疵拍卖"，以及出让人不承担瑕疵担保责任的相关约定，仍应实质审查资产管理公司是否已就案涉债权的重大瑕疵内容进行了充分披露和提示告知。

法院认为，资产管理公司委托拍卖行公司发布的拍卖会拍卖资料中对于标的债权的描述不仅未能揭示该转让债权并未进入执行查封以及抵押权不确定的标的特性，反而易使人混淆该债权包含有抵押、有查封的情况，不属于对案涉债权瑕疵的有效告知。除此以外，在资产管理公司委托拍卖行公司发出的《债权拍卖规则》第4条有关"瑕疵、风险的披露和说明"条款以及双方签订的债权转让合同有关"风险揭示"条款均无任何涉及案涉债权瑕疵的实质性内容，因此不能认定资产管理公司已对标的债权瑕疵进行了充分的披露和告知。在案涉交易中，资产管理公司不仅是债权出让人，也是专业的金融资产管理机构。其对于标的债权是否进入执行、抵押权权属是否明确无瑕疵等涉及转让标的价值的重要信息，在通过对债权资料的常规审核时即可查知。但资产管理公司既不予明确转让债权对应的合同编号，也不对相关债权凭证作出实质性区分，其向竞买人出示全部债权文件不能认定为已尽到瑕疵告知义务。①

案例二

在"某制造公司与某运输服务公司债权转让合同纠纷案"中，受让人制造公司参加拍卖并竞买成功，取得资产管理公司的涉案债权。在涉案转让合同附表中，资产管理公司特别说明：制造公司已被告知并完全理解，其买受的不良贷款及其从权利可能存在的瑕疵或尚未发现的重大缺陷，以致竞买人制造公司预期利益最终无法实现。其中，运输公司集装箱货场抵顶债特别说明：该企业在工行剥离表中的名称为运输公司集装箱货场，在剥离档案的部分资料中名称为运输公司。根据法院抵押物优先受偿通知书，某新区办事处对运输公司抵押物享有优先受偿权。竞买人制造公司参加拍卖前应自行到有关部门调查，确认企业名称和实际权利。制造公司对资产管理公司上述声明盖章确认。

法院认为，受让人制造公司竞买不良资产时，出让人资产管理公司对不良资产可能存在的瑕疵进行了特别声明，某制造公司应当知道涉案资产存在抵押并可能被处置的风险状况及实际权利的情况。在运输公司破产终结数年后，制造公司提出异议否认破产清算组处置涉案抵押物的效力，理由不能成立，法院不予支持。②

第三节　债权材料移交规则

在金融不良资产二级市场的交易中，因缺乏统一的债权材料移交清单，金融不良资产转让环节的当事人在处理债权材料移交问题时行

---

① 广州市中级人民法院（2019）粤01民终556号民事判决书。
② 山东省高级人民法院（2014）鲁商终字第120号民事判决书。

动不一，债权材料移交义务约定不明确、履行不到位是实践中引发纠纷的常见原因。此外，若在债权材料移交问题上给予不良资产出让人一方过大的自主决定权，既不利于合理控制磋商成本和交易成本，也不利于全面有效地保障受让人的合同权益，还将放大出让人掩盖不利材料的道德风险，为受让人后续处置不良资产带来障碍，有损不良资产的处置效率。引入不良资产债权材料移交规则，明确出让人债权材料移交义务的内容和范围、义务豁免的方式以及义务违反的责任，构建一套相对统一的债权材料移交行为指导，同时为当事人意思自治留出空间，有利于维护金融不良资产二级市场的正常秩序。

一、案例引入

资产管理公司 A 与资产管理公司 B 签订不良资产转让协议，双方经协商，就收购不良资产包清单所列明的一系列不良资产的转让事宜达成一致，资产管理公司 B 也向资产管理公司 A 移交了不良资产包涉及的权利凭证和文件资料。资产管理公司 A 在处置该不良资产包的过程中，发现不良资产包内债务企业 C 名下某一处土地的土地使用权证书缺失，也未声明遗失。资产管理公司 A 要求资产管理公司 B 向其移交该土地使用权证书，否则根据行规，资产管理公司 B 应当承担债务企业 C 所涉不良债权可能遭受的清偿损失；资产管理公司 B 则主张其在受让取得该债务企业 C 的相关不良债权时，前手出让人并未向其移交该土地使用权证书，而其已将自身持有的不良资产包涉及的全部权利凭证和文件资料移交给了资产管理公司 A，合同也写明"资产管理公司 B 不对不良资产包项下权利文件的真实性、完整性、准确性作出任何保证或承诺"。

上述案例中本行规适用的要点如下：

（1）资产管理公司 B 应当将不良资产包的哪些书面材料移交给资产管理公司 A？

（2）资产管理公司 A 能否主张资产管理公司 B 对债务企业 C 名下某一处土地的土地使用权证书缺失而应当承担相应法律责任？

（3）倘若资产管理公司 A 愿意承担缺失债务企业 C 名下某一处

土地的土地使用权证书所带来不良资产包的任何风险,资产管理公司A与资产管理公司B如何通过约定方式,豁免资产管理公司B无法移交该书面材料的责任?

(4)倘若资产管理公司D向资产管理公司A收购了债务企业C的不良债权,而资产管理公司A与资产管理公司B已书面约定豁免资产管理公司B无法移交债务企业C名下某一处土地的土地使用权证书的责任。在资产管理公司A已向资产管理公司D移交了该书面约定的情况下,资产管理公司D能否主张资产管理公司A对债务企业C名下某一处土地的土地使用权证书缺失而应当承担相应法律责任?

二、相关行规

出让人与受让人订立不良资产转让协议后,出让人应当及时向受让人移交对受让人确认产权和实现经济利益具有重大影响的材料。

该材料确已遗失、灭失或自始不存在的,出让人应当以书面形式向受让人提供无法移交材料的清单。受让人后续转让时移交该清单的,应当被视为满足债权材料移交要求。法律法规要求遗失、灭失材料需办理其他手续的,依其规定。

违反债权材料移交要求,无法提供材料,并未替代出具无法移交材料清单的,出让人应当承担补充提供材料等违约责任。

三、行规释义

债权材料移交工作应在不良资产出让人与受让人订立不良资产转让协议后进行。当出让人与受让人订立不良资产转让协议,如双方无特殊约定,协议自双方签署后生效,当事人随即按照合同约定及法律规定享受权利并承担义务。只有当不良资产转让协议生效后,受让人才享有取得债权的合同权利。为使受让人实际取得债权并便于其后续处置该债权,出让人负有移交债权材料的义务。

一般情况下,出让人应向受让人移交的材料如下:贷前材料,包括申请报告、调查报告等;债权材料,包括借款合同、借据(含转账凭证)、展期合同等；担保材料，包括保证合同、抵（质）押合同、抵（质）押物凭证、他项权证、抵（质）押清单、（提供担保公司的）公司章程、公司股东（大）会决议、董事会决议等；时效材料，包括催收通知书及回执、对账单及回执、公证送达的催收文件、催收公告（暨债权转让通知）的报纸版面等；还款材料，包括还款承诺书、还本付息凭证等；贷后材料，包括财务报表、贷后检查报告、不良原因分析报告、尽职调查报告、评估（估值）报告、债权人与债务人之间的往来函件、重组改制文件等；流转材料，包括所有前手债权转让协议、债务人确认回执、债权转让通知（暨催收公告）的报纸版面、公证送达文书等；涉诉材料，包括裁判文书、执行文书等。

　　出让人原则上应移交原件，其中，证明债权债务关系和产权关系的法律文件资料必须移交原件，参照适用《金融企业不良资产批量转让管理办法》第二十一条针对金融不良资产一级市场中的债权材料移交规定。

　　在材料确已遗失、灭失或自始不存在的情况下，出让人应当以书面形式向受让人提供无法移交材料的清单。考虑到个案材料差异和材料保存条件有限，不排除上述材料有不存在、已遗失或已灭失的情况，导致出让人在客观上无法移交材料，此时应允许出让人以提供无法移交材料的书面清单的方式豁免移交义务。但是，法律法规要求材料遗失、灭失需办理其他手续的，依其规定。

　　关于后手对前手豁免债权材料移交情况的沿用，为便捷不良资产债权的再流转，后手在出卖债权时，可以将前手提供的无法移交材料的清单提交给再后手，后手因此豁免债权材料移交义务，该观点在前述"某农业发展公司与某资产管理公司债权转让合同纠纷案"[①] 中已得到法院的支持。

　　出让人违反债权材料移交要求，且未替代出具无法移交材料清单的，应当承担补充提供材料等违约责任。债权材料移交义务是出让人

---

① 见本书第一章第二节案例一。

基于不良资产转让合同关系而承担的义务，违反该义务即构成对不良资产转让协议的违反，出让人应承担违约责任。根据《民法典》第五百七十七条，违约责任的承担方式有继续履行、采取补救措施或赔偿损失等，在此情形下，责令出让人继续履行义务，即补充提供材料，是最有益于当事人双方的补救方案，应该优先予以适用。如出让人在客观上不能补充提供材料，再考虑责令其承担其他违约责任。

四、行规评述

在现有关于不良资产转让移交资料的规定中，仅适用于金融不良资产一级市场出让人金融企业的《金融企业不良资产批量转让管理办法》第二十一条，以及同时适用于一级市场出让人金融企业和二级市场出让人金融资产管理公司的《不良金融资产处置尽职指引》第九条，明确了不良资产出让人负有按照协议约定，及时履行资产档案的整理、组卷和移交工作的义务。此外，《金融企业不良资产批量转让管理办法》第二十一条还对应移交的档案资料的形式、双方共有债权的档案资料的处理方式、移交资料与披露资料的一致性予以细化规范，为金融企业提供了较为详尽的指引；《不良金融资产处置尽职指引》第九条则同时对出让人移送的档案资料的实时性、准确性和完整性提出严格要求。然而，上述条文对于移交材料的范围、豁免移交义务的方式、违反移交义务的责任等内容均无明确指引，不利于引导出让人规范、统一、全面地履行债权材料移交义务，对违反义务的行为亦缺乏制裁，因而有损对受让人合同权益的保障。虽然《不良金融资产处置尽职指引》第九条提及了转让方应向收购方提供转让资产的全部档案资料和相应的电子信息数据，但是，不论是"全部"或是"相应"的表述皆因过于笼统含糊而欠缺可操作性，而且盲目地要求不良资产出让人一概提供全部的档案资料将使得落实该规则的成本过高、效率过低。同时，对未受相关法律法规和政策规定规范的民营资产管理公司、外资机构和个人投资者等二级市场参与主体而言，债权材料的移交缺乏具体要求，导致债权材料移交的时间、范围、违反义务的责任承担等不标准、不规范、不统一，将对后续不良资产处置效率和效益产生负面影响。

本课题组经调研发现,在广东地区金融不良资产二级市场交易中,不少当事人倾向于在不良资产转让协议中约定出让人负有移交材料及相应的债权材料移交清单的义务,虽然各个交易中的债权材料移交清单存在一定出入,但基本上都涵盖了贷前材料、债权材料、担保材料、时效材料、还款材料、贷后材料、流转材料、涉诉材料等重要文件。此外,债权材料移交规则本身是与交易事前信息披露规则互相配套适用的,信息披露的内容应当通过书面材料获得支持。因此,不良资产交易信息披露的规范要求,不仅应当体现在不良资产交易事前的信息披露工作中,还应当延伸至不良资产合同订立后的债权材料移交工作中,使受让人能够通过书面材料核验出让人此前的信息披露内容的完整性、真实性和准确性。

为推动形成规范化、标准化的不良资产债权材料移交实践,更全面、更高效地保障受让人的合同权益,提高不良资产处置效率,本书借鉴交易实践的经验,总结关于债权材料移交的要求,不仅为金融不良资产一级市场规则提供参考,也具有独特的法律和法理基础。

不良资产出让人尽可能全面地移交不良资产项下债权、实物资产的权属材料、权利负担材料、债权材料、涉诉材料等用于证明实体性和程序性权利的材料,是根据诚实信用原则和其他法律法规明文规定的法定义务。出让人承担移转债权转让材料的义务,除了是民法诚实信用原则的要求外,还来源于法律的明文规定。《民法典》第五百九十九条规定:"出卖人应当按照约定或者交易习惯向买受人交付提取标的物单证以外的有关单证和资料。"该条文调整的是买卖合同关系,虽然不良资产转让本质上不同于货物买卖,但根据《民法典》第六百四十六条规定,不良资产转让合同关系可参照适用买卖合同的有关规定。因此,不良资产债权转让出让人承担交付"有关单证和资料"的义务,该"有关单证和资料"在此具体表现为上述与债权相关的各项材料。值得注意的是,交付有关单证和资料作为出让人的从给付义务,若没有履行或履行不当,有可能导致受让人不能实现合同目的。尤其是在不良资产债权转让交易中,出让人应移交的债权材料对受让人实际取得债权、行使债权权利至关重要。若出让人未能及时完整地移交材料,致使受让人不能实现取得不良资产债权的合同目的,参照最高人民法院《关于审理买卖合同纠纷案件适用法律问题的解释(2020修正)》第十九条规定,买受人有权解除合同。①

不良资产出让人移交材料义务的具体范围和内容可由交易双方约定免责的规定具有合法性基础。《民法典》第五条规定:"民事主体从事民事活动,应当遵循自愿原则,按照自己的意思设立、变更、终止民事法律关系。"该条规定确立了意思自治原则,加之目前我国法律、行政法规并未对不良资产出让人债权材料移交的具体范围和内容作出强制性规定。因此,意思自治原则可适用于不良资产债权转让这一民事活动中。此外,材料移转义务的具体范围和内容之约定,不损害国家、集体或第三人的合法利益,更不会出现违反伦理和善良风俗的情况。因此,根据《民法典》第一百四十三条的规定,交易双方对债权材料移交义务的内容和范围的具体约定合法有效,该观点在"某资产管理公司与某X资产管理公司债权转让合同纠纷案"② 中得到法院支持。

如果受让人在不良资产转让协议生效后无法及时并完整地取得不

---

① 值得注意的是,在要求作为出让人的国有银行向受让人移交不良资产债权材料的情况下,还需结合最高人民法院发布的《最高人民法院关于审理涉及金融不良债权转让案件工作座谈会纪要》的规定进行理解。《最高人民法院关于审理涉及金融不良债权转让案件工作座谈会纪要》第十二条明确,其适用范围限于金融资产管理公司政策性和商业性不良债权的转让,而不适用于其他市场化、商业化不良资产的转让交易。因此,一般而言,对作为出让人的国有银行施加移交债权转让材料的义务,并赋予受让人起诉不履行义务的国有银行的权利,并不违反《最高人民法院关于审理涉及金融不良债权转让案件工作座谈会纪要》关于"人民法院不受理金融资产管理公司与国有银行就政策性金融资产转让协议发生纠纷起诉到人民法院的案件""人民法院不受理受让人自金融资产管理公司受让不良债权后,以不良债权存在瑕疵为由起诉原国有银行的案件"等规定。而《最高人民法院关于审理涉及金融不良债权转让案件工作座谈会纪要》所指的"政策性不良债权",是指1999年、2000年上述四家金融资产管理公司在国家统一安排下通过再贷款或者财政担保的商业票据形式支付收购成本从中国银行、中国农业银行、中国建设银行、中国工商银行以及国家开发银行收购的不良债权。而其中所指的"商业性不良债权"是指2004年至2005年上述四家金融资产管理公司在政府主管部门的主导下从交通银行、中国银行、中国建设银行和中国工商银行收购的不良债权。

② 见本书第一章第三节案例三。

良资产债权的各项材料，其不仅难以在实体上及程序上证明自己实际享有权利，更将在后续的不良资产处置环节受到阻碍，具体表现为：在决策不良资产处置方式、交易结构时，受让人缺乏全面的、真实的、有效的贷前材料、贷后材料等以资参考；在不良资产处置方案的执行过程中，受让人缺乏与债务人或再后手交易所需的材料。材料欠缺给不良资产处置交易带来的重重障碍，将折损受让人处置不良资产所能回收的价值，从而抑制其与前手交易的积极性，使得不良资产交易市场的活跃性备受打击，不利于高质量、高效率地盘活金融不良资产。债权材料移交规则有助于避免受让人陷入债权材料不齐备的僵局，保障其得以切实有效地取得不良资产的完整权利，为其实现不良资产处置回收价值最大化奠定基础，从而有助于不良资产交易市场繁荣、发展健康，提高不良资产的处置效率。

五、相关法律和案例

（一）关于买卖标的物交付资料的规定

1.《民法典》：

第五百零九条　当事人应当按照约定全面履行自己的义务。当事人应当遵循诚信原则，根据合同的性质、目的和交易习惯履行通知、协助、保密等义务。

第五百四十七条　债权人转让债权的，受让人取得与债权有关的从权利，但是该从权利专属于债权人自身的除外。

第五百五十八条　债权债务终止后，当事人应当遵循诚信等原则，根据交易习惯履行通知、协助、保密、旧物回收等义务。

第五百六十三条　有下列情形之一的，当事人可以解除合同：（一）因不可抗力致使不能实现合同目的；（二）在履行期限届满前，当事人一方明确表示或者以自己的行为表明不履行主要债务；（三）当事人一方迟延履行主要债务，经催告后在合理期限内仍未履行；（四）当事人一方迟延履行债务或者有其他违约行为致使不能实现合同目的；（五）法律规定的其他情形。

第五百九十九条　出卖人应当按照约定或者交易习惯向买受人交

付提取标的物单证以外的有关单证和资料。

2. 最高人民法院《关于审理买卖合同纠纷案件适用法律问题的解释》：

第十九条　出卖人没有履行或者不当履行从给付义务，致使买受人不能实现合同目的，买受人主张解除合同的，人民法院应当根据民法典第五百六十三条第一款第四项的规定，予以支持。

（二）关于金融不良资产一级市场债权材料移交的规定

1. 《金融企业不良资产批量转让管理办法》：

第十二条　金融企业制定转让方案应对资产状况、尽职调查情况、估值的方法和结果、转让方式、邀请或公告情况、受让方的确定过程、履约保证和风险控制措施、预计处置回收和损失、费用支出等进行阐述和论证。转让方案应附卖方尽职调查报告和转让协议文本。

第十五条　组织买方尽职调查。金融企业应组织接受邀请并注册竞买的资产管理公司进行买方尽职调查。（一）金融企业应在买方尽职调查前，向已注册竞买的资产管理公司提供必要的资产权属文件、档案资料和相应电子信息数据，至少应包括不良资产重要档案复印件或扫描文件、贷款五级分类结果等。

第二十一条　金融企业应按照资产转让协议约定，及时完成资产档案的整理、组卷和移交工作。（一）金融企业移交的档案资料原则上应为原件（电子信息资料除外），其中证明债权债务关系和产权关系的法律文件资料必须移交原件。（二）金融企业将资产转让给资产管理公司时，对双方共有债权的档案资料，由双方协商确定档案资料原件的保管方，并在协议中进行约定，确保其他方需要使用原件时，原件保管方及时提供。（三）金融企业应确保移交档案资料和信息披露资料（债权利息除外）的一致性，严格按照转让协议的约定向受让资产管理公司移交不良资产的档案资料。

2. 《不良金融资产处置尽职指引》：

第九条　银行业金融机构和金融资产管理公司剥离（转让）不良金融资产：（一）剥离（转让）方应做好对剥离（转让）资产的

数据核对、债权担保情况调查、档案资料整理、不良金融资产形成原因分析等工作;剥离(转让)方应向收购方提供剥离(转让)资产的清单、现有全部的档案资料和相应的电子信息数据;剥离(转让)方应对己方数据信息的实实(时)性和准确性以及移送档案资料的完整性做出相应承诺,并协助收购方做好资产接收前的调查工作。

第十条 银行业金融机构和金融资产管理公司收购不良金融资产:……(三)收购方应认真核对收购资产的数据、合同、协议、抵债物和抵押(质)物权属证明文件、涉诉法律文书及其他相关资料的合法性、真实性、完整性和有效性,核对应在合理的时间内完成,并及时办理交接手续,接收转让资产,并进行管理和维护。

(三) 关于金融不良资产债权材料移交的司法案例

在"某投资管理公司与某资产管理公司债权转让合同纠纷案"①中,涉案实物资产的交付并非物权意义上的所有权转移,而是交付附属于不良债权对物的权利凭证,如法院的判决、裁定等。上述实物资产交付后,还需权利人通过自身操作,依法主张权利方有可能实现资产权益。一审确认出让人资产管理公司已将与实物资产相关的享有所有权和处分权的档案资料移交给受让人某投资管理公司,某投资管理公司完全可以据此向实物占有人主张权利。当然,既然属于不良债权,该实物资产是否能够清收存在不确定性风险,其中因企业破产分配及政策性破产不能主张权利的损失,依约应由不良资产买受者某投资管理公司承担。资产管理公司未依约在实物资产所在地共同填写实物资产交接单,属一般违约行为,并不影响某投资管理公司清收债权,应属实物资产交付中的履约瑕疵,并非资产管理公司迟延履行主要债务。……因此,资产管理公司的行为不构成根本违约,转债合同

---

① 最高人民法院(2009)民提字第125号民事判决书。

目的已经基本达成。为保障交易公平和交易秩序,本案合同应予维持。①

案例二

在"某农业发展公司与某资产管理公司债权转让合同纠纷案"中,对于涉某金属器具厂的债权转让,受让人农业发展公司仅提出来源于出让人资产管理公司的利息债权相关转让文件不齐备的意见。对此,在双方签订的《债权转让合同》第2.4条D款有关风险提示条款已明确告知"标的债权文件对于标的债权的行使可能存在不完整、原件缺失或内容冲突等相关情形",而对于该部分债权转让文件的连续性和完整性,农业发展公司亦完全可通过前期查看档案材料进行了解,且再前手出让人资产管理公司对于该部分债权利息转让的政策背景、历史因素等客观原因已作出合理说明,故农业发展公司以该项债权瑕疵主张解除转让关系,理据不足,本院不予支持。②

案例三

在"某资产管理公司与某X资产管理公司(简称"某X公司")债权转让合同纠纷案"中,法院关于出让人资产管理公司是否履行了合同约定的义务问题,根据《债权转让协议》第1.5条约定,双方移交的债权证明文件,是指甲方在基准日实际持有的、且将于交割日移交给乙方的、与主张和行使债权有关的法律文件,限于委托清收协议、担保合同、抵押(质押)担保权利凭证、判决书、调解书、裁定书、和解协议、债务重组协议、补充协议、以物抵债协议、抵债资产权属或证明、破产债权申报书、逾期债权催收通知书、甲方与前

---

① 最高人民法院(2009)民提字第125号民事判决书。
② 广州市中级人民法院(2019)粤01民终556号民事判决书。

手权利人的分户债权转让协议、债权转让暨催收公告等（债权中各债务人项下的单户债权证明文件详见本协议附件二债权文件移交清单）。甲方向乙方提供的债权证明文件以其预先披露并在交割日继续持有的全部法律文件为限，甲方未对债权证明文件的真实性、完整性、准确性作出任何保证或承诺。在债权转让时，资产管理公司持有的委托清收协议、担保合同、抵押（质）押担保权利凭证、补充协议、逾期债权催收通知书、甲方与前手权利人的分户债权转让协议、债权转让暨催收公告等文件均已交付给某X公司，某X公司依据已交付的文件主张权利并不存在法律上的障碍，其他判决书、调解书、裁定书、和解协议、债务重组协议、以物抵债协议、抵债资产权属或证明、破产债权申报书等，因未实际发生，客观上并不存在，也就不存在移交的问题。法院认为，某X公司主张未移交的15户债权资料、股东会决议、应收账款质押所对应的债权资料、财务顾问协议、监管协议等，并不在双方约定需移交的范围内，其中15户债权资料、应收账款质押所对应的债权资料，资产管理公司客观上并未持有，资产管理公司不享受相应权利。因此，某X公司要求资产管理公司将应收账款对应的债权资料交付给其的请求没有依据，资产管理公司已经按照债权转让协议的约定，履行完毕交付相关债权凭证的义务，不存在违约的情形。①

第四节　不良资产定价折扣率规则

在金融不良资产二级市场中，以过高或过低的折扣率转让不良资产容易引起交易当事人和/或不良债权债务人的异议，然而现有金融监管法律法规、政策规定等并未涉及不良资产定价折扣率。不良资产定价折扣率规则以行规的形式，归纳总结了不良资产转让定价的相关

---

① 江西省高级人民法院（2018）赣民终489号民事判决书。

实践，提出不良资产定价折扣率不受限制是行业的惯常做法，也是不良资产交易市场化的应有之义。此外，为统一金融不良资产二级市场交易当事人之间的价格术语，便利当事人沟通，在没有明确约定的情况下，不良资产定价折扣率是指债权总额与受让人支付的含税价款之间的比例。

一、案例引入

资产管理公司 B 计划转让一包含 20 户不良债权的不良资产包，原借款合同的本金为 3000 万元，利息为 2000 万元。为此，资产管理公司 B 发布资产推介公告，计划以协议转让程序对外转让该不良资产包，并提出成交的最低折扣率为 1 折（即 10%）。资产管理公司 A 在阅读该不良资产包转让公告后，进行了初步尽职调查和评估，与资产管理公司 B 接洽并最终签订不良资产转让协议，以 300 万元收购该不良资产包。资产管理公司 A 在处置该不良资产包的过程中，通过追究不良资产包内债务企业 C 的母公司 D 承担清算义务人连带清偿责任，仅此就实现了 1500 万元的债务清偿收益。资产管理公司 B 主张该不良资产包的定价与实际价值偏差过大且不合理，属于显失公平；资产管理公司 A 则主张该转让交易符合意思自治原则，根据行规，不良资产包的定价折扣率不应受到限制，成交价格按折扣率计算也符合资产管理公司 B 当时的要求。

上述案例中本行规适用的要点如下：

（1）资产管理公司 B 能否基于其转让价款相比于处置该不良资产包的最终收益的"实际折扣率"过低，而主张不良资产转让协议无效？

（2）倘若资产管理公司 A 在完全处置该不良资产包后的收益仅为 30 万元，资产管理公司 A 能否基于其收购价款相比于处置该不良资产包的最终收益的"实际折扣率"过高，而主张不良资产转让协议无效？

（3）如何理解资产管理公司 B 发布资产推介公告中成交的最低折扣率？倘若资产管理公司 A 与资产管理公司 B 之间未就成交折扣

率的计算方式进行约定，如何认定该不良资产转让的成交折扣率？

二、相关行规

除非不良资产转让存在欺诈、显失公平、恶意串通损害他人合法权益等情形，或不良资产定价违反法律法规的强制性规定，不良资产的起拍或成交折扣率不受限制。

除非当事人另有约定，不良资产定价的折扣率是指债权总额（包括原借款合同本金，和以原借款合同本金为基数，按照原借款合同约定的利率，计算至交易基准日的利息、逾期利息和复利）与受让人支付的含税价款之间的比例。当事人没有明确约定交易基准日的，交易基准日为金融企业剥离（转让）不良资产的评估报告的评估基准日。

三、行规释义

通常情况下，不良资产的起拍或成交折扣率不受限制。随着不良资产处置行业逐渐脱离政府主导并走向市场化，金融不良资产的转让定价应该更多地尊重市场规律。因此，在金融不良资产二级市场中，不良资产的定价应当依据不良资产的实际情况、资产处置方式、国家有关政策、市场状况等因素综合得出。实践中，法院不宜仅凭不良资产的起拍或成交折扣率判断该交易的合法有效性。

值得注意的是，为保障市场秩序及金融安全，不良资产的转让定价须按照有关规定经过公正、合理、科学的价值评估程序得出。如不良资产转让存在欺诈、显失公平、恶意串通损害他人合法权益等情形，或定价违反金融监管法律或行政法规的强制性规定的，则相关交易及其定价的合法有效性应当受到质疑。在此情况下，不良资产定价的折扣率可以作为查明交易合法性的参考因素之一。

如当事人无另行约定，则以债权总额与受让人支付的含税价款之间的比例作为不良资产定价的折扣率，这是金融不良资产行业惯常的界定方法。确定不良资产的定价折扣率主要是为了反映不良资产的转让价格与债权总额之间的偏离程度。为实现该目的，将债权总额与受让人支付的含税价款之间的比例确定为不良资产定价的折扣率,是适宜的做法,也是常用的做法。考虑到不良资产包项下各个债权的债权总额中,原借款合同的本金都是确定且固定的,但原借款合同的利息计算截止日期在司法实践中尚存一定争议,而出让人一般会在资产推介公告、拍卖公告或与受让人签订的不良资产转让协议中明示交易标的债权的利息计算截止日期(或按照债权总额反推对应的利息计算截止日期)是"交易基准日",即以原借款合同本金为基数,按照原借款合同约定计算至交易基准日的利息、逾期利息和复利。如果当事人没有明确约定交易基准日的,参考中国资产评估协会颁布的《金融不良资产评估指导意见》①,不良资产价值是在评估基准日下的价值评估或价值分析结果,而根据《金融企业国有资产评估监督管理暂行办法》②《金融企业非上市国有产权交易规则》③《金融企业不良资产批量转让管理办法》的规定,金融企业剥离或转让不良资产时必须对不良债权的债权总额进行确定和评估,此时必然涉及不良资产利息计算截止日期的确定。因此,将不良资产的第一手转让——金融企业剥离或转让不良资产的评估报告的评估基准日确定为当事人没有明确约定情况下的交易基准日,符合公平公允要求。此外,本课题组通过调研了解到,实践中持牌金融资产管理公司在资产推介公告、拍卖公告等向潜在受让人明示的交易标的债权的利息计算截止日期,同样一般对应的是该债权的第一手转让时金融企业剥离或转让不良资产的评估报告的评估基准日。

四、行规评述

关于不良资产转让定价的折扣率,我国现行金融监督管理法律法规、部门规章等并未作出强制性的范围限制,也没有给出参考范围。

---

① 中国资产评估协会:《金融不良资产评估指导意见》(中评协〔2017〕52号),2017年9月8日发布。

② 财政部:《金融企业国有资产评估监督管理暂行办法》(中华人民共和国财政部令第47号),2017年10月12日发布,自2008年1月1日起施行。

③ 财政部:《金融企业非上市国有产权交易规则》(财金〔2011〕117号),2011年8月28日发布,自2012年1月1日起施行。

在不良资产交易实践中，不良资产的起拍或成交折扣率往往因个案而异、水平参差不齐，且在不同的年度、地区有不同的表现。① 不良资产转让定价的折扣率受多重因素影响，并处于波动之中，其应作为显示不良资产行业发展动向的风向标，而不宜成为事前被约束管控的指标。

然而在实践中，不良资产交易的当事人和/或不良债权的债务人对于以过高或过低折扣率成交的债权交易，可能会提出异议——由于债权总额与转让价格相当或悬殊，即不良资产债权总额折扣率偏离市场一般值，处于过高或过低的水平，因此，异议者主张该交易存在显失公平、欺诈、恶意串通或造成国有资产流失等情形。对此，由于现有法律法规或政策规定等并未对不良资产定价的折扣率作出明确的规范或引导，法官在处理相关问题时缺乏可直接援引或参照的具体依据，通常只能求助于民法基本原则、民事合同效力规则等一般性规定。例如，在"某工商联合公司与修某某金融不良债权转让合同纠纷案"② 中，二审法院从意思自治原则出发，认为诉争的不良债权转让合同属商事主体的自治行为，符合合同法的相关债权转让的规定，合法有效。在"某锰矿公司与某咨询公司金融不良债权转让合同纠纷案"③ 中，一审法院和二审法院主要还是立足于合同无效规则，考察原告的举证是否足以证明诉争债权转让协议存在恶意串通、低估不

---

① 比如，浙商资产研究院于2019年发布的《金融不良资产市场分析快报》曾指出，2018年度全国债权起拍或成交折扣率在60%～87%的区间内震荡前行，各省份之间的成交折扣率差异较大且相对形成了各自的价格区间（参见浙商资产研究院《2018年金融不良资产年度报告》，载微信公众号"浙商资产金融评论"：https：//mp.weixin.qq.com/s/5djA1RA8OmbzrV4eIX7P5Q，访问日期：2021年7月15日）。据《2020年中国不良资产行业研究报告》显示，2020年全国债权成交的平均本金折扣率在58%左右，相较于2019年基本无变化，但较2018年则降幅显著（参见浙商资产研究院《2020年中国不良资产行业研究报告》，载微信公众号"浙商资产金融评论"：https：//mp.weixin.qq.com/s/nAczCus-Rrx6d99i_3Z4Rxg，访问日期：2021年7月15日）。甚至有具体至季度与地区的研究指出，2020年受新冠肺炎疫情及整体经济环境影响，前三季度金融不良资产成交价格先降后升，三季度整体本金折扣率约为38.5%，较二季度提升5.7%，其中华南地区成交价格水平最高，平均本金折扣率约57.6%（参见中国东方资产研究院课题组《我国金融不良资产市场及趋势分析》，载《当代金融家》2021年第3期）。

② 见本书第一章第四节案例二。

③ 见本书第一章第四节案例一。

良债权、债权转让程序不合法、严重损害国家利益和社会公共利益等问题,从而导致合同无效的情形。

在我国相关法律法规和政策规定并未对不良资产的定价折扣率作出约束或指引的背景下,以行规的形式明确金融不良资产定价折扣率规则,还具有以下合法性和合理性。

根据《金融企业不良资产批量转让管理办法》第十一条规定,金融企业应在卖方尽职调查的基础上,采取科学的估值方法,逐户预测不良资产的回收情况,合理估算资产价值,作为资产转让定价的依据。《不良金融资产处置尽职指引》第三十七条规定:"不良金融资产定价应在综合考虑国家有关政策、市场因素、环境因素的基础上,重点关注法律权利的有效性、评估(咨询)报告与尽职调查报告、债务人(担保人)或承债式兼并方的偿债能力与偿债意愿、企业经营状况与净资产价值、实物资产的公允价值与交易案例、市场招商情况与潜在投资者报价等影响交易定价的因素,同时也应关注定价的可实现性、实现的成本和时间。"可见,现有关于不良资产定价的监管规定,并不旨在从形式上为不良资产定价金额(或折扣率)划定标准,而意在从实质上要求市场化、科学化、合理化地定价。

而实务中也不乏以较高或较低的本金折扣率成交的不良资产转让案例。比如,在某不良资产线上拍卖案例中,标的资产包合计债权总额约为 3273 万元,网上仅一次竞价即以 100 万元成交,成交折扣率约为 3.05%[①];在另一线上拍卖案例中,标的资产包债权总额为 948 万元,但存在保证和抵押担保,因此最终成交价格为 948 万元,成交折扣率达到 100%。[②] 此外,在两则司法案例中,不良资产协议转让的成交折价率分别为 1% 和不到 1%,该定价已经过两级法院的裁判认可。由此可见,行业实践并不必然排斥高折扣率或低折扣率的不良资产转让,原因在于不良资产的实际状况各异,对各自价值有着不同

---

① 中拍平台网:https://paimai.caa123.org.cn/pages/lots/profession.html?meetId=10711&lotId=61169,访问日期:2021 年 7 月 15 日。

② 中拍平台网:https://paimai.caa123.org.cn/pages/lots/profession.html?meetId=26345&lotId=160039,访问日期:2021 年 7 月 15 日。

的影响。例如，具有高价值不动产担保的债权由于估值更高、可回收率更高，定价折扣率便更高。因此，不良资产定价折扣率不一定是不良资产市场化交易的必然结果。

五、相关法律和案例

（一）关于金融不良资产一级市场定价市场化的规定

1.《金融企业不良资产批量转让管理办法》：

第六条 不良资产批量转让工作应坚持依法合规、公开透明、竞争择优、价值最大化原则。……（三）竞争择优原则。要优先选择招标、竞价、拍卖等公开转让方式，充分竞争，避免非理性竞价。（四）价值最大化原则。转让方式和交易结构应科学合理，提高效率，降低成本，实现处置回收价值最大化。

2.《不良金融资产处置尽职指引》：

第三十四条 ……银行业金融机构和金融资产管理公司应制定不良金融资产定价管理办法，明确定价程序、定价因素、定价方式和定价方法，逐步建立起以市场为导向、规范合理的不良金融资产定价机制，严格防范定价过程中的各类风险。

第三十九条 ……对不具备评估条件的不良金融资产，应明确其他替代方法。对因缺乏基础资料，难以准确把握资产真实价值的，应通过充分的信息披露、广泛招商以及交易结构设计等手段，利用市场机制发掘不良金融资产的公允价值。

3.《金融资产管理公司资产处置管理办法（修订）》：

第十九条 资产公司转让资产原则上应采取公开竞价方式，包括但不限于招投标、拍卖、要约邀请公开竞价、公开询价等方式。

（二）关于不良资产定价折扣率的规定

《金融不良资产评估指导意见》：

第十条 ……价值评估结论和价值分析结论反映评估对象在基准日的价值或者价值可实现程度。

第一章 金融不良资产转让环节的行规

（三）关于金融不良资产定价的司法案例

在"某锰矿公司与某咨询公司金融不良债权转让合同纠纷案"中，某银行与某资产管理公司签订债权转让协议，将其对锰矿公司享有的债权（本息合计为 128352000 元）转让给资产管理公司。2007年 10 月 6 日，资产管理公司发布资产处置项目询价邀请函。拍卖标的为资产管理公司对锰矿公司所持有的债权，债权总额 143846000 元，其中本金 37184200 元，表外利息 97207300 元。2007 年 7 月 3 日，资产管理公司向财政部检查专员办事处发出拍卖会邀请函，邀请其参加上述拍卖会并进行指导、监督。2007 年 11 月 20 日，资产管理公司和咨询公司达成转让协议，成交价为 150.5 万并在媒体上联合刊登了上述债权转让通知、催收告知。锰矿公司对此提出异议，认为高达上亿元的涉案债权未经依法评估，导致咨询公司仅以 150.5 万元就取得资产管理公司所持锰矿公司超过 14384962.27 元的债权。咨询公司与资产管理公司存在恶意串通损害国家利益的行为，依法应认定涉案债权转让无效。

法院认为，资产管理公司处置涉案债权时委托评估机构对转让价格进行评估、确认转让底价后，又进行了市场询价。涉案债权的拍卖先后两次流拍，最后以 150.5 万元拍卖价成交，属于以公开拍卖方式处置涉案债权，体现了该债权资产的市场价格。锰矿公司主张咨询公司与资产管理公司恶意串通、低估不良债权，且债权转让程序不合法，损害国家利益和社会公共利益，没有证据证实。至于 150.5 万元的债权转让款的支付，咨询公司和资产管理公司均无异议，咨询公司在一审中提交了资产管理公司出具的处置资产收回款项凭证，资产管理公司在二审中也补充提交了付款凭证。况且，涉案债权转让价格的履行情况并非认定合同效力的依据。因此，涉案债权转让系当事人真实意思表示，没有违反法律、行政法规强制性规定，该转让合法有效。①

在"某工商联公司与修某某金融不良债权转让合同纠纷案"中，某银行与资产管理公司签订委托资产分户转让协议（债权），约定银行将对某工商联公司的共计六笔债权转让给资产管理公司，截至2016年6月20日共计本金人民币1240万元、利息人民币23296251.14元。某银行与资产管理公司在《山东法制报》发布《债权转让通知暨债务催收公告》，通知债务人某工商联公司和担保人某商城、某公司。随后，资产管理公司将债权转让给某企业。某企业又将其转让给某投资公司，转让价款总额为50万元。其后，某投资公司将某工商联公司、某酒店、某商城的债权本金2209万元及该债权项下的所有从权利及或权益转让给某信息公司，转让价款总额为1500万元。最后，某信息公司与某泰公司签订债权转让协议，将对某工商联公司、某商城等七户共计债权本金3751.33万元（包括本案债权）债权项下的所有从权利及或权益转让给某泰公司。2018年2月12日，某信息公司与某泰公司在《山东法制报》发布《债权转让通知暨债务催收联合公告》，通知债务人某工商联公司和担保人某商城、某源公司上述债权转让的事实。债务人某工商联公司认为，某投资公司以50万元受让本息金额为7000多万元的债权，转让价格不合理、缺乏依据，存在低估、漏估不良债权的嫌疑，充分说明了本案资产转让造成了国有资产流失，依法应当认定转让无效。

法院认为，涉案的债务人均非国有企业，所涉债权并不属于《最高人民法院关于审理涉及金融不良债权转让案件工作座谈会纪要》中规定的不良债权的范围，故依据该纪要主张涉案债权转让协

---

① 广西壮族自治区高级人民法院（2020）桂民终11号民事判决书。

议无效的诉讼请求不成立。某银行将债权转让给资产管理公司符合相关法律、法规的规定，合法有效。某企业、某投资公司、某信息公司、某泰公司之间的转让合同属于商事主体的自治行为，符合合同法的相关转让债权的规定，合法有效。资产管理公司对外转让时履行了《金融资产管理公司资产处置管理办法（修订）》及《金融资产管理公司资产处置公告管理办法（修订）》的相关规定，某工商联公司未能证明资产管理公司存在违反法律、行政法规强制性规定的情况，亦应认定合法有效。①

第五节　出让人的协助义务规则

在金融不良资产转让环节中，不良资产受让人签订合同的目的通常是通过继续转让或处置标的不良资产，以获得经济利益。为实现该合同目的，出让人在若干事项上的协助显得必不可少。例如，协助受让人取得材料原件、协助办理不动产或特殊动产抵押权转移相关手续、协助变更诉讼主体或执行人等。根据民法典的诚实信用原则和其他规定，结合不良资产转让协议目的，不良资产出让人应承担提供协助的附随义务或后合同义务。此外，由于不良资产在最终得到处置之前，往往经历了多手交易，为保障每一手受让人变现不良资产价值时均能获得必要的协助，出让人对所有后手受让人均承担协助义务。

一、案例引入

资产管理公司 A 与资产管理公司 B 签订不良资产转让协议，双方经协商，就收购不良资产包清单所列明的一系列不良资产的转让事宜达成一致。而后，个人投资者 C 与资产管理公司 A 签订不良资产转让协议，双方经协商，就资产管理公司 A 所收购的一系列不良资

---

① 山东省高级人民法院（2019）鲁民终1364号民事判决书。

产中重新组包的新不良资产包的转让事宜达成一致。个人投资者 C 在处置该新不良资产包过程中，发现在将新不良资产包中的某一不良债权向执行法院申请变更申请执行人时，执行法官经审查后要求个人投资者 C 除提交执行变更申请书、债权转让协议、债权转让登报公告、债权转让通知书和个人身份材料外，还须提供每个转让环节中出让人书面认可本环节受让人取得债权的确认函。个人投资者 C 随后通知资产管理公司 A 和资产管理公司 B 协助出具该确认函。但资产管理公司 B 的业务经办人员认为，公司已按照合同约定履行完毕债权材料移交义务，且合同并未约定公司需要为第三人提供任何协助，法律亦未明确规定公司需要为第三人提供任何协助，因此拒绝了个人投资者 C 的要求。个人投资者 C 则认为资产管理公司 B 协助出具该确认函符合行规规定。

上述案例中本行规适用的要点如下：

（1）个人投资者 C 能否要求资产管理公司 B 为其办理该不良债权的变更申请执行人手续提供协助？个人投资者 C 能否主张资产管理公司 B 因拒绝为其办理该不良债权的变更申请执行人手续提供协助而应当承担相应法律责任？

（2）倘若资产管理公司 A 与资产管理公司 B 已在不良资产转让协议中书面约定，豁免资产管理公司 A 及其他所有后手受让人在申请变更申请执行人中，对资产管理公司 A 及其他所有后手受让人可能遇到的法律没有明确规定的特别手续提供协助的责任，个人投资者 C 能否主张资产管理公司 B 因拒绝为其办理该不良债权的变更申请执行人手续提供协助而应当承担相应法律责任？

二、相关行规

经任一后手受让人的通知，不良资产出让人应当对其履行合理的协助义务，包括但不限于协助其取得材料原件、协助其办理不动产或特殊动产抵押权转移相关手续、协助其变更诉讼主体或执行人，但出让人与任一前手受让人在不良资产转让协议中已排除的具体协助事项除外。

三、行规释义

不良资产出让人的协助义务本质上是附随义务或后合同义务。附随义务是指合同当事人依据诚实信用原则所产生的，根据合同的性质、目的和交易习惯所应当承担的通知、协助、保密等义务。① 后合同义务是指合同关系消灭后，当事人依据诚实信用原则和交易习惯应负有某种作为或不作为的义务。② 在不良资产转让合同关系中，出让人对所有后手受让人承担的协助义务并非仅能来源于合同当事人的明文约定，也可来源于因不良资产转让的交易性质、服务于受让人实际取得不良资产价值的合同目的、依据诚实信用原则而产生的法定义务，其既可能存在于合同履行过程中，也可能产生于合同权利义务终止后。

鉴于合同当事人的协助义务以民法典的诚实信用原则为法理基础，以辅助权利人实现合同利益为主要功能，出让人应当在不违反法定或约定义务，且具有合理的履行可能的情况下，给予所有后手受让人为变现不良资产价值而需要从出让人处获取的各项协助，具体范围和方式依标的不良资产的状况、后手受让人处置不良资产的方式等而定。同时，确定出让人的协助义务范围时应以最大限度便利所有后手受让人处置不良资产，且避免出让人承担不合理的负担为原则。实践中出让人履行协助义务的常见方式，包括但不限于协助取得材料原件、协助办理不动产或特殊动产抵押权转移相关手续、协助变更诉讼主体或执行人。

不良资产出让人的协助义务在属性上为附随义务或后合同义务，皆为法定义务，因此，违反协助义务将构成违约，出让人应当依法承担继续履行、采取补救措施或者赔偿损失等违约责任。此外，当出让人的协助义务本质上为附随义务时，协助义务的违反有可能影响主给付义务的履行，甚至导致合同目的不能实现。例如，在不良债权已进

---

① 王利明：《合同法研究》（第一卷），中国人民大学出版社 2015 年版，第 393 页。
② 王利明：《合同法研究》（第二卷），中国人民大学出版社 2015 年版，第 254 页。

入执行程序且申请人为出让人的情形下,若出让人拒绝协助变更执行人,致使受让人虽持有债权但无法顺利通过执行程序获得受偿,将阻碍受让人实际取得不良资产价值的合同目的实现,此时受让人可以以出让人违反协助义务构成根本违约为由解除合同。

根据合同意思自治原则,不良资产转让协议的当事人可以通过约定的方式排除法定的协助义务。如果双方在转让协议中明确排除出让人对所有后手受让人的具体协助事项,则出让人的拒绝协助将不会导致上述违约责任的产生。

四、行规评述

金融不良资产权益的实际取得通常并不仅凭不良资产转让协议的订立、资产凭证的交付即可实现,往往还有赖于债权转让公告、不动产或特殊动产抵押权转移的相关登记、诉讼主体或执行人变更申请等手续的办理,在这些事项上出让人的协助是必不可少的。因此,明确出让人在上述事项中的协助义务,对于确保不良资产交易目的的实现、维护交易秩序、提高交易效率具有不可忽视的意义。由于法律上缺乏明确规则,法院只能依据当事人的事前约定或法律原则判断出让人是否承担相应的协助义务,但这容易导致裁判标准不统一,也不利于给予当事人确切的行动指南。因此,结合金融不良资产二级市场的现实需求及交易习惯,提炼并确立统一的不良资产出让人的协助义务规则具有现实意义,也具有法律和法理基础。

不良资产出让人履行对所有后手受让人的协助,是根据民法典诚实信用原则和其他规定的法定义务。在金融不良资产二级交易中,既然出让人选择转让不良资产,就意味着出让人应当将不良资产完全移转给受让人。实践中,有的银行移转不良债权后,仍然通过执行程序从债务人处获得资金,导致受让人虽是真正的债权人但却无法实现不良债权。有的资产管理公司在已经取得转让款的情况下,故意拖延甚至以各种借口拒绝受让人协助办理过户登记手续的请求,导致受让人取得的不良资产长期无法实现价值。类似的行为与不良资产转让的合同目的背道而驰,有违诚实信用原则,违反了不良资产转让协议的附

第一章 金融不良资产转让环节的行规

随义务或后合同义务。《民法典》第七条规定了诚信原则,第五百零九条第二款规定当事人应当履行附随义务,第五百五十八条则规定当事人应当履行后合同义务。根据上述规定,合同当事人除应按照约定履行义务以外,还须履行合同未作约定但依据诚实信用原则应当履行的通知、协助、保密等附随义务以及后合同义务①,这是出让人的法定义务。在不良资产转让合同关系中,出让人有义务协助受让人办理转让不良资产所需的各种手续,使得受让人能够完全受让不良资产并实现资产的价值。②

不良资产出让人履行对所有后手受让人的协助,有利于提升不良资产的转让、管理、处置效率。实践中,不良资产在最终得到处置之前,风险一直在转移,尤其是最后一手的受让人在处置不良资产时,往往会遇到法律上的障碍,使得不良资产的价值难以变现。比如,依附于不良债权的担保物权仍然登记于出让人甚至是银行名下,导致受让人无法实现担保物;再如,受让人为实现不良债权,在申请执行时,经常存在该笔不良债权已经进入执行程序且申请人就是出让人的情况。如果不变更执行申请人,那么受让人将无法通过执行程序实现不良债权。因此,当受让人转让或处置不良资产时,如果遇到法律上

---

① 黄薇主编:《中华人民共和国民法典合同编解读》(上册),中国法制出版社2020年版,第161、325页。

② 值得注意的是,在要求作为出让人的国有银行履行协助义务的情况下,还须结合最高人民法院发布的《最高人民法院关于审理涉及金融不良债权转让案件工作座谈会纪要》的规定进行理解。《最高人民法院关于审理涉及金融不良债权转让案件工作座谈会纪要》第12点明确,其适用范围限于金融资产管理公司政策性和商业性不良债权的转让,而不适用于其他市场化、商业化不良资产的转让交易。因此,一般而言,对作为出让人的国有银行施以协助义务,并赋予所有后手受让人起诉不履行义务的国有银行的权利,并不违反《最高人民法院关于审理涉及金融不良债权转让案件工作座谈会纪要》关于"人民法院不受理金融资产管理公司与国有银行就政策性金融资产转让协议发生纠纷起诉到人民法院的案件""人民法院不受理受让人自金融资产管理公司受让不良债权后,以不良债权存在瑕疵为由起诉原国有银行的案件"的规定。而《最高人民法院关于审理涉及金融不良债权转让案件工作座谈会纪要》中所指的"政策性不良债权",是指1999年、2000年上述四家金融资产管理公司在国家统一安排下通过再贷款或者财政担保的商业票据形式支付收购成本从中国银行、中国农业银行、中国建设银行、中国工商银行以及国家开发银行收购的不良债权。其中所指的"商业性不良债权"是指2004年至2005年上述四家金融资产管理公司在政府主管部门主导下从交通银行、中国银行、中国建设银行和中国工商银行收购的不良债权。

的障碍，出让人应当给予必要的协助，配合受让人消除该法律上的障碍。课题组在调研中了解到，在某些情形下，虽然法律上的明文规定并未对受让人在转让或处置不良资产上形成障碍，但因各地法院或行政机关对法律的规范解读和细化规定不一，而在法律明文规定"之上"或"之外"新设障碍。此形式上的"法律上的障碍"虽然在法律层面上可最终予以效力否定，但该"法律上的障碍"往往在实质上会对受让人转让或处置不良资产造成障碍，轻则拖延时间、增加成本，重则导致无法实现经济利益，更不应苛求受让人清除该"法律上的障碍"。因此，出让人同样应当履行对所有后手受让人的协助，法律上对障碍的理解应当以实然效果而非应然效果为标准。

五、相关法律和案例

（一）关于买卖标的物出让人协助义务的规定

《民法典》：

第五百零九条　当事人应当按照约定全面履行自己的义务。当事人应当遵循诚信原则，根据合同的性质、目的和交易习惯履行通知、协助、保密等义务。

第五百五十八条　债权债务终止后，当事人应当遵循诚信等原则，根据交易习惯履行通知、协助、保密、旧物回收等义务。

（二）关于金融不良资产一级市场出让人协助义务的规定

《不良金融资产处置尽职指引》：

第九条　银行业金融机构和金融资产管理公司剥离（转让）不良金融资产：（一）剥离（转让）方应做好对剥离（转让）资产的数据核对、债权（担保）情况调查、档案资料整理、不良金融资产形成原因分析等工作；剥离（转让）方应向收购方提供剥离（转让）资产的清单、现有全部的档案资料和相应的电子信息数据；剥离（转让）方应对己方数据信息的实实（时）性和准确性以及移送档案资料的完整性做出相应承诺，并协助收购方做好资产接收前的调查工作。……（三）剥离（转让）方和收购方应在资产转让协议中对有关资产权利的维护、担保权利的变更以及已起诉和执行项目主体资格的变更等具体事项做出明确约定，共同做好剥离（转让）资产相关权利的转让和承接工作。银行业金融机构向金融资产管理公司剥离（转让）资产不应附有限制转让条款，附有限制转让条款的应由剥离（转让）方负责解除。（四）自资产交易基准日至资产交割日期间，剥离（转让）方应征得收购方同意并根据授权，继续对剥离（转让）资产进行债权、担保权利管理和维护，代收剥离（转让）资产合同项下的现金等资产，并及时交付给收购方，由此发生的合理费用由收购方承担。

第十一条 剥离（转让）方和收购方在不良金融资产移交过程中应建立和完善联系沟通机制，相互配合与协作，有效管理不良金融资产，联手打击逃废债行为，共同防止资产流失和债权悬空，最大限度地保全资产。

（三）关于不良资产出让人协助义务的司法案例

案例一

在"某投资公司与某银行、某资产管理公司债权转让合同纠纷案"中，一审法院认为，某银行与资产管理公司签订了债权转让协议，后资产管理公司与某证券公司签订了不良资产包转让协议，后某证券公司与某X公司签订了不良资产转让合同，后某X公司与某D公司签订了不良资产转让合同。因某银行与资产管理公司签订的债权转让协议中明确约定"某银行将某信托咨询公司与某工贸实业公司借款合同项下的贷款本金及利息（应收逾期利息和应收催收利息）转让给资产管理公司，债权转让后资产管理公司成为新的债权人，取代某银行的债权人地位"，原审法院认为，该应收逾期利息和应收催收利息已包含全部利息，并且某银行将抵债资产的涉案土地的房地产权证（粤房地证字第××号）、建设用地规划许可证及该土地的红线图的原件一并移交给资产管理公司。因此，某银行将其承接的上述民事判决书和民事裁定书确认的某信托咨询公司的权利义务全部转让给资产管理公司。对资产管理公司主张其受让的某银行与某工贸实业公司的债权包括已经抵债的资产即土地使用权，一审法院予以采信。因该土地现登记在某银行名下，未转让到资产管理公司、某证券公司、某X公司名下，该土地的房地产权证（粤房地证字第××号）、建设用地规划许可证及该土地的红线图的原件已转让给某D公司，因此，某银行应协助某D公司办理过户手续。二审法院认为一审判决某银行协助某D公司办理过户手续符合法律规定，予以维持。①

在"肖某某与某资产管理公司房屋买卖合同纠纷案"中，一审法院认定某银行获得涉案厂房的物权，但之后某银行与某X公司的债权转让行为、某X公司与肖某某的买卖行为均不能发生物权的变化，说理清楚，法律依据充分，二审法院予以确认。其次，根据《中华人民共和国土地管理法》第二条"中华人民共和国实行土地的社会主义公有制，即全民所有制和劳动群众集体所有制。全民所有，即国家所有土地的所有权由国务院代表国家行使。任何单位和个人不得侵占、买卖或者以其他形式非法转让土地。土地使用权可以依法转让。国家为了公共利益的需要，可以依法对土地实行征收或者征用并给予补偿。国家依法实行国有土地有偿使用制度。但是，国家在法律规定的范围内划拨国有土地使用权的除外"，第十一条第二款"农民集体所有的土地依法用于非农业建设的，由县级人民政府登记造册，核发证书，确认建设用地使用权"的规定，办理房产所有权变更时需将房产占用范围内的土地使用权一并转让变更。本案中，涉案厂房所占土地为集体土地，虽然办理了建设工程规划许可证，但普宁市某某制衣厂有限公司、某银行、某X公司及肖某某没有办理涉案厂房

---

① 珠海市中级人民法院（2014）珠中法民二终字第427号民事判决书。

占用范围内的土地使用权证，现肖某某也并没有提交证据证明其已获得村集体的同意和有关部门的批准可以使用涉案厂房所占土地，也即肖某某请求办理涉案厂房物权变更登记的条件还未达成。因此，肖某某请求确认涉案厂房归其所有及由某X公司、某银行协助办理涉案厂房的过户手续，依据不足，一审法院予以驳回并无不当，二审法院予以维持。①

---

① 揭阳市中级人民法院（2017）粤52民终556号民事判决书。

第二章

金融不良资产受让环节的行规

与第一章所介绍的金融不良资产转让环节的行规相同，本章的行规主要聚焦于金融不良资产的二级交易市场。转让环节的行规主要规范的是出卖人的权利义务，而本环节的行规却主要关注买受人的权利义务，因而称之为金融不良资产受让环节的行规。对于资产受让行为，民法典只作出了框架性的规定。金融不良资产受让行为本可适用民法典有关的规则，但由于金融不良资产交易的特殊性、政策性，因而法律层面的规则供给仍然不足。

金融不良资产受让行为涉及主体众多，包括诸如四大资产管理公司等各类一、二级市场主体。一级市场的立法资源显得更充分些，但整体而言，立法资源仍属不足。因此，梳理本环节的行规可弥补立法缺位，尤为重要。

确如古代圣贤朱熹所言："问渠哪得清如许，为有源头活水来。"相关法律实践为行业规范的树立带来了源源不断的活水。正因如此，本章结合金融不良资产的特性、调研访谈形成的记录和相关法律法规，秉承不偏袒任何一方的立场，提出受让环节中五个典型的行业规范并加以阐释。它们分别是买受人风险自负规则、限制向前手追索规则、不穿透计算规则、债权转让通知规则和不良资产包的整体性规则。

第一节　买受人风险自负规则

随着银行的不良贷款金额逐渐扩大，持牌的资产管理公司需要处置的不良债权金额也越来越大。由于不良资产处的高风险特征以及不良债权催收的高难度，资产管理公司难以单独依靠自己的力量消化所有的不良债权。不良债权所带来的高收益又吸引了一大批具有专业能力和经验的投资者。于是，金融不良资产交易市场逐渐发展起来，市场规模越来越大，资产包的流转也愈加频繁。

频繁的交易也伴随着争议的不断增多。当不良债权无法实现时，买受人常常会指责出卖人未能及时提供准确的信息，甚至做出夸张的不实宣传，诱使买受人做出错误判断，使其购买毫无价值的不良资产。此时，出卖人往往不甘示弱，并针锋相对地提出买受人应该承担由不良债权所带来的所有风险，因为不良资产具有不能变现的高风险是整个行业的普遍共识，况且买受人也因受让资产获得了赚取巨额利润的机会。因此，买卖双方往往争执不下，甚至对簿公堂。为解决类似的实践争议，买受人风险自负规则应运而生。

一、案例引入

案例一

2005年，某投资公司通过拍卖取得某资产公司沈阳办转让的金融不良资产包。拍卖成交后，双方签订债权及实物资产转让协议对资产包的价值和受让对价进行了约定，同时约定：自资产转移之日起，某投资公司承担与转让资产有关的一切风险、责任、损失和其他费用。后因相关资产包存在瑕疵，某投资公司遂诉至法院，请求解除双方签订的债权及实物资产转让协议。①

本案的争议焦点是：当事人之间约定的买方风险自负条款是否有效？某资产公司沈阳办是否需要承担相应的瑕疵担保责任？

案例二

某有限公司与某资产管理公司分公司签订债权转让合同，并约定标的物可能存在瑕疵与风险，某有限公司进行了审慎调查，知悉并接受标的债权的所有风险。此后，某有限公司称某资产管理公司分公司实际转让的涉某市安铺食品厂债权与其委托拍卖的债权内容——即拍卖公告中所示的抵押债权不符，另称资产包中两项利息债权没有完整

---

① 最高人民法院（2009）民提字第125号判决书。

的债权来源法律文件,导致其无法实现合同目的,要求解除债权转让合同并退还相应的债权转让价款。①

本案的争议焦点是:某资产管理公司分公司是否存在虚假陈述?其是否应承担对不良债权的瑕疵担保责任?

二、相关行规

应推定买受人已充分了解不良资产的交易风险,买受人应自行承担受让债权之前或之后产生的一切风险及其所带来的一切损失,但出卖人故意作出不实陈述的,或未履行基本的信息披露义务的除外。

三、行规释义

买受人风险自负的前提条件是不良资产出卖人履行了不良资产信息披露的基本义务,移交了必须提供的有关材料。虽然不良资产买受人被赋予了比普通债权受让人更高的注意义务,但这并不意味着出卖人的完全免责。出卖人遵循诚实信用原则,如实履行相关义务之后,剩余的风险才由买受人承担。这是平衡双方利益,合理分配风险的应有之义。

买受人风险自负的核心要义是买受人对商业风险的自我承担。不良债权所存在的瑕疵将导致债权无法实现或转让,以至于买受人因受让债权而遭受亏损。正是因为这些瑕疵的存在,出卖方才会以远低于债权总额的价格将债权转让。所以,不良债权存在瑕疵是买受人受让债权所面临的合理商业风险。如无特殊情况,应当推定买受人已知悉不良债权存在的重大瑕疵,买受人应当承担不良资产本身所具有的一切风险及其所导致的损失。这些风险由资产转移日之前因不可归责于出卖方的事由导致,包括债务人破产、解散、清偿能力的降低或丧失主体资格,抵押物或质押物的毁损、灭失、被征用或收回,利息无法享有,政策风险等情形。债权转让的双方就免除瑕疵担保责任的约定符合买受人风险自负的行业规范,原则上有效。

---

① 广州市中级人民法院(2019)粤01民终556号判决书。

买受人风险自负的范围包括不良资产包中的所有债权。这些债权良莠不齐，清收难度各异，究其原因是不良资产处置活动的不确定性。买受人在受让不良资产包之后，因资产包而受益的同时，亦应承担资产包中部分债权存在的风险。

买受人风险自负规则的除外情形包括三点。第一，不良债权的出卖人故意告知买受人不实信息，导致买受人对不良债权存在的瑕疵不知情或产生误解。根据《民法典》第六百一十八条规定，"当事人约定减轻或者免除出卖人对标的物瑕疵承担的责任，因出卖人故意或者重大过失不告知买受人标的物瑕疵的，出卖人无权主张减轻或者免除责任"。在实践中，这种行为往往表现为虚构本不存在的抵押担保、虚构为追索债权而进行的诉讼或相关的执行程序、将不属于转让标的债权的无关文件与债权文件相混同等。第二，所转让的标的债权不存在或者出卖人并不是标的债权的权利人的情形，不属于本规则所指的"风险"。此时，出卖人仍须向买受人承担减少合同价款等违约责任。第三，买受人风险自负规则与交易事前信息披露规则互为补充。出卖人未履行基本的信息披露义务的，亦应赔偿买受人因受让不良资产遭受的损失。

四、行规评述

在上述案例一中，一审、二审法院认为尽管双方签订了相关免责条款，但在债权资产方面，因某资产公司沈阳办未取得相关胜诉债权，某资产公司沈阳办仍应承担瑕疵担保义务。而在实物资产方面，尽管某资产公司沈阳办交付了实物资产的资料，但交付资料不等于交付实物。本案中某资产公司沈阳办没有依约履行实物资产交付义务，导致相关实物资产无法过户。根据当时有效的《中华人民共和国合同法》①（简称《合同法》），该合同应当予以解除。但最高法院否决了一审、二审法院的判决。

---

① 全国人大常委会：《中华人民共和国合同法》（中华人民共和国主席令第 15 号），自 1999 年 10 月 1 日起施行。

根据民法理论，一审、二审法院的判决并无错误。但是，问题的关键在于本案的标的物是不良资产转让包。第一，如最高院的再审判决认为的那样，金融资产管理公司收购和处置银行不良金融债权，事关国家金融安全，具有较强的政策性。本案所涉债权转让协议，不能完全等同于普通民事主体之间等价有偿的债权让与行为，它具有高风险、高收益的特点。不良资产交易，不是一般的资产买卖关系，主要是一种风险与报酬的转移。第二，不良资产出卖人往往并未享有相关实物资产的所有权。基于法院判决、裁定等，出卖人只享有针对实物资产所有权人的债权。因此，出卖人仅需与交付不良资产有关的权利凭证。在出卖人履行完毕材料的移交义务之后，不能变卖实物资产或占有资产的风险仍然存在。例如，在实物资产作为破产资产被分配时，或实物资产因土地政策等原因而无法办理所有权变更登记手续时，买受人就无法就担保资产变卖价款优先受偿。

不良资产包内不良金融债权良莠不齐，可回收比例各不相同。资产包的出卖人基本不会披露有关资产包的所有细节。正因为不良资产包存在一定瑕疵，清收不良债权存在一定困难，资产包的所有人才会选择将资产包转让，而将本来可以获得的高额收益让渡给买受人。为了尽早获得不良资产所能带来的收益，出卖人会对不良资产包做一定的包装和宣传，这是人之常情。所以，行业内普遍形成了一项共识，即资产包的买受人有义务进行尽职调查，自行分析判断债权不能清收的风险。

因此，不良资产包的买卖双方往往会在所签署的拍卖规则、债权转让合同等一系列法律文件中约定：买受人已经对资产包进行了全面、充分的调查和了解；出卖人"按现状"将资产包转让给买受人；转让后，与资产包有关的一切风险或费用由买受人承担。该类约定属于瑕疵担保责任的免除条款，该约定既符合国家法律的有关规定，又与买受人风险自负的行业规范相契合。根据《民法典》第五百零六条的规定，因故意或重大过失造成对方财产损失的，合同中的免责条款无效。因此，如果合同所免除的只是出卖人因一般过失而应承担的责任，该约定合法有效。

但是，买受方风险自负规则也存在一定限制。不良资产的出卖人如果恶意利用该规则，故意隐瞒已知的重大瑕疵，甚至转让本不存在的债权或转让他人享有的债权，或者对所转让的债权含糊其词，连债权成立所依据的合同、债权是否存在担保以及存在何种担保等最基本的信息都无法提供，导致买受人根本无法辨认所受让的债权，更遑论作为债权人去实现权利的，亦不能使风险移转给买受人。

为了弥补这些缺陷，买受人风险自负规则需要与交易事前信息披露规则相互配合。只有出卖人履行了基本的信息披露义务，如实地告知其所知悉的相关债权信息，出卖人才能免除瑕疵担保责任，债权不能实现的风险才由出卖人全部移转给买受人。在第二个引入案例中，二审法院认为某资产管理公司分公司实际向某有限公司转让的标的债权与其拍卖前所展示的标的债权性质不一致，两项债权并未进入执行查封，也无确定的抵押担保。同时，根据相关事实认定某资产管理公司分公司并未履行相应告知义务，判决不能免除其瑕疵担保责任。

综上所述，根据不良资产处置的特性，买受人在受让不良资产包之前，应进行充分的尽职调查。只要出卖人在转让相关资产时履行了应尽的信息披露义务，同时并未因故意或重大过失做出不实陈述，那么不论买卖双方是否通过任何形式的约定排除了瑕疵担保责任，受让后处置不良资产的风险应由买受人自行承担。

五、相关法律和案例

（一）关于买受人风险自负的规定

1.《民法典》：

第五百零六条　合同中的下列免责条款无效：（一）造成对方人身损害的；（二）因故意或者重大过失造成对方财产损失的。

第六百一十八条　当事人约定减轻或者免除出卖人对标的物瑕疵承担的责任，因出卖人故意或者重大过失不告知买受人标的物瑕疵的，出卖人无权主张减轻或者免除责任。

2. 最高人民法院《关于审理买卖合同纠纷案件适用法律问题的解释（2020修正）》：

第三十二条 法律或者行政法规对债权转让、股权转让等权利转让合同有规定的，依照其规定；没有规定的，人民法院可以根据《民法典》第四百六十七条和第六百四十六条的规定，参照适用买卖合同的有关规定。权利转让或者其他有偿合同参照适用买卖合同的有关规定的，人民法院应当首先引用《民法典》第六百四十六条的规定，再引用买卖合同的有关规定。

（二）关于买受人风险自负的司法案例

案例一

在"某投资管理有限公司与某资产管理公司办事处债权转让合同纠纷案"中，某投资管理有限公司（简称"某投资公司"）通过某拍卖有限公司以拍卖方式从某资产管理公司办事处（简称"某资产公司沈阳办"）购得了相关资产包。双方约定"自资产转移之日起，投资管理公司承担与转让资产有关的一切风险、责任、损失和其他费用"。

后因资产包存在瑕疵，某投资公司将某资产公司沈阳办诉至法院。资产包中，在债权资产方面，29户债权已经破产终结；24户债权处于破产程序中；由于诉讼被法院驳回，并未取得对某大厦的债权；部分债权已被某资产公司沈阳办执行回款或回物。在实物资产方面，未及时变更诉讼主体导致无法办理相关过户手续。

双方争议的焦点在于某资产公司沈阳办是否需要对存在瑕疵的单笔债权承担瑕疵担保责任，免责条款是否有效；以及不良资产包中的实物交付是需要变更产权登记，并取得权利证书，还是仅提供转让方享有对实物类资产包转让的相关权益即可。

法院认为，本案不良金融债权总额26亿元，仅以不到3%的价格成交，体现了不良金融债权处置的特殊性。某投资公司将资产包中相对优质债权予以变卖，请求通过诉讼将其余部分予以解除，原审判由某投资公司返还资产包剩余的部分资产，对某资产公司沈阳办显失公平。

本案实物资产交付并非物权意义上的所有权转移，而是交付附属于不良债权对物的权利凭证。上述实物资产交付后，还需权利人通过自身操作，依法主张权利方有可能实现资产权益，且该实物资产是否能够清收存在不确定性风险，其中因企业破产分配及政策性破产不能主张权利的损失，依约应由不良资产买受者某投资公司承担。①

在"某有限公司、某资产管理股份有限公司广东省分公司债权转让合同纠纷案"中，某资产管理股份有限公司广东省分公司（简称"某资产管理公司分公司"）拟拍卖转让对某市安铺食品厂等2户债权资产包，债权金额为2044.45万元。资产处置公告、拍卖规则、竞买人承诺书、债权转让合同等文件上注明了担保和抵押情况，同时注明"已向拍卖行公司充分告知，其委托拍卖行公司拍卖的债权，可能存在着瑕疵或尚未发现的缺陷和风险"等。

后某有限公司竞拍成功，在接收债权资料文件后，发现其中一户债权资产包无担保财产，另一资产包由于原债权银行的原因，抵押房产登记的担保范围为原债权银行对某市安铺食品厂的其他几笔贷款。

某有限公司认为合同目的无法实现，起诉要求解除合同，返还转让价款，某分公司以瑕疵担保免责条款进行抗辩。

一审法院认为，因为某资产管理公司分公司从发布资产处置公告至拍卖阶段多次提醒潜在买受人仔细查阅文件，审慎评估风险，但某有限公司并未尽到必要的谨慎审查义务，故构成某资产管理公司分公

---

① 最高人民法院（2009）民提字第125号判决书。

司的瑕疵担保责任之阻却事由。

二审法院认为，依最高人民法院《关于审理买卖合同纠纷案件适用法律问题的解释（2020修正）》第三十二条之规定，即使某资产管理公司分公司多次提示案涉债权包为"按现状带瑕疵拍卖"以及出卖人不承担瑕疵担保责任的相关约定，法院仍应实质审查其是否已就案涉债权的重大瑕疵内容进行了充分披露和提示告知。本案的文件中有关"风险提示"条款均无任何涉及案涉债权瑕疵的实质性内容，故不能认定其对标的债权瑕疵进行了充分的披露和告知。

同时，某资产管理公司分公司在处置过程中展示的全部债权文件，除案涉债权以外，还涉及其他几笔债权，但其从未向某有限公司提示并指明其实际转让的债权仅限于其中两项特定债权，极易令买受人混淆债权内容，所以某资产管理公司分公司并未履行瑕疵披露和告知义务，无法免除瑕疵担保责任。①

第二节　限制向前手追索规则

在不良债权转让时，签订限制追索的条款是该行业普遍采用的做法。但是，在不良资产处置过程中，如果因债权存在瑕疵导致回收困难，受让方常常无视该条款，而以转让方为被告向法院提起诉讼。因而，即便有限制向前手追索的条款，前手方仍深受诉累，此类案件亦极大地浪费了司法资源。结合不良资产处置行业的特性，限制向前手追索的行业共识逐渐形成。这对于行业的良性发展有着重要意义。

---

① 广州市中级人民法院（2019）粤01民终556号判决书。

一、案例引入

某公司与某资产管理公司南京办签订了债权及相关权益转让协议，约定有关不良债权的转让，转让时双方约定：本合同项下交易为无追索权的资产转让，即本合同生效后，除本合同中规定的某资产管理公司南京办的义务外，某公司对某资产管理公司南京办、贷款银行、中国政府无任何追索权。后因某公司认为因某分行已于2004年将25%股权转让给案外人A公司，致使其与某资产管理公司南京办签订的债权及相关权益转让协议无法履行，因而向仲裁机构申请仲裁。

本案的争议焦点是：资产转让合同中约定的某公司不可变更地放弃撤销权、追索权、赔偿请求权的相关约定是否具有法律效力？

某投资公司（乙方、买受人）与某资产管理公司（甲方、出卖人）签订资产转让合同，合同中有如下约定：乙方不得以转让债权虚假为由主张本协议全部或部分无效或申请撤销，亦不得向甲方及/或其前手主张赔偿责任。后因甲方的前手已将该债权消灭，即该债权在乙方受让之时已不复存在，因此产生纠纷，乙方向仲裁机构申请仲裁。

本案的争议焦点是：涉案债权自转让时已被消灭，某投资公司放弃向某资产管理公司江苏分公司主张权利的合同约定是否具有法律效力？

二、相关行规

转让合同双方确认本次不良资产包转让系现状转让。买受人就不

良资产包的任何部分，对出卖人无追索权，但不良资产于转让时即不存在或出卖人并非权利人的除外。

买受人亦无权向与其没有合同关系的前手追索，但不良资产于该前手转让时即不存在或该前手并非权利人的除外。

本规则不免除出卖人因故意虚假陈述所导致的责任。

三、行规释义

限制追索的约定可以细分为两种情形：第一种是不良资产出卖人与买受人约定不得向出卖人的前手追索，第二种是不良资产出卖人与买受人约定转让后，买受人不得向出卖人追索。大多数情形下，两个约定会同时存在。这类约定均有效。

在限制向前手追索的规则下，即使法律法规或者国家相关政策允许买受人行使追索权，买受人亦不可更改地放弃该权利。若转让的资产包存在较大瑕疵，依照本章第一节的买受方风险自负规则可知，买受人也并不能向前手追索。但须注意的是，以限制追索之名行排除故意虚假陈述所致责任之实的合同条款应为无效。此内容与买受方风险自负规则同理。

于资产正式转让至买受人的那一刻起，如果不良资产即不存在的，买受人可以要求出卖人承担违约责任。这是为了防止资金在不良资产交易市场中空转，增加市场的风险。如果于前一次交易时，不良资产就已经不存在的，本次交易的出卖人有权向上一次交易的出卖人主张违约责任。在符合代位权的适用条件下，本次交易的买受人可以向上一次交易的出卖人主张赔偿责任。因此，当不良资产于出卖人的前手转让至出卖人时即不存在的，不良资产的买受人可以请求该前手承担赔偿责任。以此类推，在与买受人没有合同关系的前手转让不良资产时，该不良资产即已经不存在的，最后一次受让资产的买受人有权向该前手主张赔偿责任。

四、行规评述

上述案例一中，某资产管理公司接收某银行分行的不良资产后，转让给某公司。但是，某银行分行曾通过执行获得该笔债权的部分受偿。转让合同中约定某公司须自行承担此风险并自愿放弃追索权。后某公司因债权及相关权益产生重大瑕疵诉至法院。本案中，终审法院认为协议已经约定某公司不可变更地放弃撤销权、追索权、赔偿请求权等，该约定是双方当事人的意思自治，应当得到尊重。

上述判决殊值赞同。2005年，最高院便规定"金融资产管理公司与国有商业银行就政策性金融资产转让协议发生纠纷起诉到人民法院的，人民法院不予受理"。2009年，最高院明确规定：即使不良资产存在瑕疵，金融资产管理公司起诉国有银行的，人民法院不予支持。同时，如果金融资产管理公司再行转让从银行受让的不良资产时，禁止买受人向国有银行、各级人民政府、国家机构等追偿的约定亦为有效。

最高法院出台相关规定的目的包括防范系统性金融风险，保护国有商业银行的资金安全，提高其竞争力，防止国有资产流失，维护国家正常的经济秩序，等等。但相关规定严格限制了规则所保护的市场主体，即国有商业银行。除此以外，国家并没有特别的法律规定。

不良资产行业中的诸多机构作为专业的投资行业商主体，理应具备较高的商业风险判断能力。商业化不良债权转让行为，是双方作为合同主体在平等自愿的原则下签订的。如果买受人接受了限制追索条款，即表明其对商业风险已经进行了充分评估。前手可以援引限制追索条款进行免责抗辩，这体现了当事人的意思自治。

如果资产转让协议仅仅约定了买受人不能对出卖人进行追索，却并未约定买受人不能对其他前手进行追索，此时买受人是否享有追索权呢？再者，资产转让协议中未约定限制向出卖人追索的免责条款，又当如何处理？我国目前出台的法律法规尚无明确规定。将限制向所有前手追索视为业内之行规的观点较为妥当，即对于以上两种情况，买受人都不能对出卖人以及任何前手进行追索。其一，不良资产的转让通常以较大的折扣价格进行转让，这也是不良资产领域的特殊性。从合同对价的角度上看，限制买受人行使的部分权利已经在合同对价上予以扣除；其二，从不良资产领域本身的特性来看，不良资产属于高风险高回报的经营业务。买受人作为商主体应当更加审慎，对于可能存在的风险应当进行审慎分析，而不良资产领域的盈利与否很大程度上亦取决于尽职调查的能力和对资产价值的评估能力。如果出卖人在转让时已经就相关风险和限制追索条款进行了告知，买受人在经过相应的评估之后，仍然决定受让，就说明其愿意接受相应的风险。

但是，限制向前手追索的适用并非没有限制。如在案例二中，终审法院认为某公司已经通过合同的形式放弃了其所有可向某资产管理公司江苏分公司主张的权利，因此否定了其追索权。

本书认为，上述判决有待商榷。买受人因为信赖债权真实存在而订立不良资产转让合同，但该笔债权受让之时已不复存在，买受人信赖的核心利益原本就不存在。出让人存在根本违约行为，不宜一刀切适用限制向前手追索条款，否则交易安全无法得到维护，亦有违法律规定的诚实信用原则。

买受人自负风险规则是限制向前手追索的理论基础之一，限制向前手追索规则是买受人风险自负在程序法上的反映。因此，适用限制向前手追索规则时，应参照上文中买受人自负风险规则的适用条件和限制情形。具体而言，伪造材料、虚构债权等行为，属于本章第一节所说的出卖人故意做出不实陈述，买受人风险自负规则并不适用，买受人有权对出卖人进行追索。同时，如果转让时不良资产即不存在或前手于转让时不是真实权利人，那么买受人亦享有相应的追索权。

综上所述，不良资产转让后，买受人原则上自行承担相应风险，不得向前手进行追索。但是，资产转让时出卖人并非真实权利人或债权自始不存在或出让方故意虚假陈述导致买受人受损的除外。

五、相关法律和案例

（一）关于限制向前手追索的规定

1. 《最高人民法院关于人民法院是否受理金融资产管理公司与国有商业银行就政策性金融资产转让协议发生的纠纷问题的答复》[①]：

金融资产管理公司接收国有商业银行的不良资产是国家根据有关政策实施的，具有政府指令划转国有资产的性质。金融资产管理公司与国有商业银行就政策性金融资产转让协议发生纠纷起诉到人民法院的，人民法院不予受理。

2. 《最高人民法院关于审理涉及金融不良债权转让案件工作座谈会纪要》（简称《纪要》）：

二、关于案件的受理。会议认为，为确保此类案件得到公正妥善的处理，凡符合民事诉讼法规定的受理条件及《纪要》有关规定精神涉及的此类案件，人民法院应予受理。不良债权已经剥离至金融资产管理公司又被转让给受让人后，国有企业债务人知道或者应当知道不良债权已经转让而仍向原国有银行清偿的，不得对抗受让人对其提起的追索之诉，国有企业债务人在对受让人清偿后向原国有银行提起返还不当得利之诉的，人民法院应予受理；国有企业债务人不知道不良债权已经转让而向原国有银行清偿的，可以对抗受让人对其提起的追索之诉，受让人向国有银行提起返还不当得利之诉的，人民法院应予受理。

受让人在对国有企业债务人的追索诉讼中，主张追加原国有银行为第三人的，人民法院不予支持；在《纪要》发布前已经终审或者根据《纪要》做出终审的，当事人根据《纪要》认为生效裁判存在错误而申请再审的，人民法院不予支持。

案件存在下列情形之一的，人民法院不予受理：（一）金融资产

---

① 最高人民法院：《最高人民法院关于人民法院是否受理金融资产管理公司与国有商业银行就政策性金融资产转让协议发生的纠纷问题的答复》（民二他字〔2004〕第25号），2005年6月17日发布。

管理公司与国有银行就政策性金融资产转让协议发生纠纷起诉到人民法院的；（二）债权人向国家政策性关闭破产的国有企业债务人主张清偿债务的；（三）债权人向已列入经国务院批准的全国企业政策性关闭破产总体规划并拟实施关闭破产的国有企业债务人主张清偿债务的；（四）《纪要》发布前，受让人与国有企业债务人之间的债权债务关系已经履行完毕，优先购买权人或国有企业债务人提起不良债权转让合同无效诉讼的；（五）受让人自金融资产管理公司受让不良债权后，以不良债权存在瑕疵为由起诉原国有银行的；（六）国有银行或金融资产管理公司转让享受天然林资源保护工程政策的国有森工企业不良债权而引发受让人向森工企业主张债权的（具体详见《天然林资源保护区森工企业金融机构债务免除申请表》名录）；（七）在不良债权转让合同无效之诉中，国有企业债务人不能提供相应担保或者优先购买权人放弃优先购买权的。

（二）关于限制向前手追索的司法案例

在"某公司与某支行金融借款合同纠纷案"中，2005年7月22日，某行分行与某资产管理公司济南办事处签订债权转让协议，转让其某支行对A公司的债权。2013年4月1日，该债权又被转让给某公司，并约定"乙方承诺自交割日起自动全部放弃该等权利，乙方及其后手不以任何方式向前手权利人主张及甲方主张本条项下已放弃的全部权利，或要求前手权利人承担或甲方承担与此相关的任何法律责任"。

此外，A公司的主管部门系某支行，因未年检，A公司被吊销营业执照，后由某支行全权负责清算。2006年2月23日，某支行给某市工商局出具同意撤销A公司的函，其中载明"如存在未清偿债务，由我行承担清偿责任"。

双方的争议焦点是某公司签订了限制向前手追索的条款，但是此前某支行承诺其对A公司的未清偿债务负有清偿责任，某公司此时能否向某支行追索？

一审法院认为，某支行提出的"协议中约定的某公司已通过书面合同形式承诺放弃向其追索"的辩解仅适用于金融机构剥离不良资产时，并不适用本案情形。本案中某支行在工商银行将对 A 公司的债权转让后，又在注销 A 公司工商登记时自愿承诺承担 A 公司的债务，属于新的债务承担。因此，判决某支行偿还 A 公司对于某公司的债务本金及利息。

二审法院则认为，依据《最高人民法院关于审理涉及金融不良债权转让案件工作座谈会纪要》的规定，债权转让协议中被某公司放弃对某支行追究任何法律责任的约定具有法律效力，因此要求其对债务人 A 公司的未清偿债务承担责任的诉讼请求没有法律依据，本院不予支持。①

第三节 不穿透计算规则

根据现行的法律规定，商业银行只能向持牌的金融资产管理公司和地方资产管理公司等特定主体批量转让不良贷款债权。那么，商业银行能否以非批量转让的方式连续向社会投资者转让债权？如果能，是否存在户数的限制？当前既有的法律法规并未给予明确回答，不穿透计算规则可以弥补这个法律上的空白。

一、案例引入

A 银行分别与 B 公司、C 公司、D 某（自然人）签订了贷款合同。B 公司、C 公司、D 某均未及时归还借贷本金。后 A 银行在 X 网资产竞价网络平台上发布公告，将分批出售对 B 公司、C 公司和 D 某的债权。E 资产管理公司是社会投资者，其不具有批量受让金融不良资产的资格。E 公司通过公开拍卖程序连续受让了 A 银行 3 户不良债权。其中第一次转让时，E 公司仅受让 B 公司和 C 公司两户债权，而第二次转让时，E 公司仅受让 D 某一户债权。

---

① 山东省青岛市中级人民法院（2015）青金商终字第 186 号民事判决书。

本案的争议焦点是：对 E 资产管理公司连续受让 A 银行 3 户不良债权的行为，是否应以其超过批量转让（3 户）的户数限制而认定其违法？即是否要对两次转让不良债权的户数进行合并计算？

二、相关行规

金融企业可以向社会投资者转让不良债权。除非有证据证明出卖人与买受人恶意串通，否则在一段期限内出卖人向特定买受人连续转让不良债权的，只要每次转让均遵守合法程序，所转让的户数不叠加计算。

三、行规释义

不穿透计算规则适用的前提条件是金融企业遵守了不良贷款债权转让的合法程序，主要包括公开拍卖等形式。设置合法程序主要是为了保证所形成的市场价格是公允的，防止造成国有金融企业的资产流失。

不穿透计算规则适用于金融企业与社会投资者之间。本节行规所指的社会投资者，是指不具备中国银行保险监督委员会（原银监会，简称"银保监会"）核发的金融许可证，不能批量受让金融企业不良资产的投资者。

不穿透计算规则适用于金融企业多次分批向某一社会投资者转让不良贷款债权，每次转让的时间间隔较短，且每次转让的债权均少于 3 户的情形。其结果是每次债权转让行为的标的资产均独立计算户数，即只要每次经合法程序转让的贷款债权少于 3 户，所有转让行为均不违反批量受让不良资产的数量限制。

四、行规评述

现行有效的法律法规允许商业银行向社会投资者转让不良资产。尽管 2001 年中国人民银行出台的《关于商业银行借款合同项下债权转让有关问题的批复》① 与 2009 年银监会出台的《中国银行业监督管理委员会关于商业银行向社会投资者转让贷款债权法律效力有关问题的批复》② 存在冲突，但根据"新法优于旧法"的法律原理，自 2009 年银监会批复出台后，金融企业不再被禁止向社会投资者转让贷款债权。

在本节的引入案例中，虽然 E 资产管理公司未持有金融许可证，无法批量受让金融不良贷款债权，但是 E 公司作为社会投资者，每次从金融企业受让的不良债权均少于 3 户，且经过了公开拍卖等程序，交易价格是公允的。因此，E 公司有权购买案涉 3 户不良贷款，并可依法取得债权人地位。

目前，批量受让不良贷款债权的权利仍然专属于持有金融牌照的资产管理公司。2017 年，银监会将不良资产批量转让的户数由 10 户降低至 3 户，同时强调，金融企业不得向金融资产管理公司、地方资产管理公司以外的主体批量转让不良资产。发生重要事项时，应当及时向银监会、财政部报告。因此，银行不良债权转让给社会投资者应当仅限于非批量转让的方式。

根据不穿透计算规则，在非批量转让的过程中，商业银行等向买受人频繁转让不良债权，但是每次并不超过批量转让的限额（控制在 3 户以内），经过多次转让之后，合并计算的转让户数超过 3 户的，并不违规。该行规的设立主要是为了保护社会投资者少量从银行受让贷款债权的权利，拓宽银行处置不良贷款的渠道。

2009 年，银监会规定了商业银行向社会投资者转让贷款债权的公开程序。这种做法可以确保贷款以公允的价格流转。只要商业银行与社会投资者未进行恶意串通，即便存在连续转让不良资产包的情形，只要每次的转让都遵循了公开拍卖等合法程序，便不能以多次转

---

① 中国人民银行《关于商业银行借款合同项下债权转让有关问题的批复》（银办函〔2001〕648 号）："按照我国现行法律法规的规定，放贷收息（含罚息）是经营贷款业务的金融机构的一项特许权利。因此，由贷款而形成的债权及其他权利只能在具有贷款业务资格的金融机构之间转让。未经许可，商业银行不得将其债权转让给非金融企业。"

② 银监会：《中国银行业监督管理委员会关于商业银行向社会投资者转让贷款债权法律效力有关问题的批复》（银监办发〔2009〕24 号），2009 年 2 月 5 日发布。

让的数量超过了3户为由，认定为属于批量转让。

近年来，在中美贸易战、新冠肺炎疫情在全球爆发等的影响下，我国经济增长趋势回缓，不良风险持续暴露。本轮金融去杠杆的重要抓手之一为严控表外业务，即通过对新增表外业务的限制和固有表外业务的整改，防止资金空转套利，要让银行表外业务逐渐回归表内；而表外业务的回归，使得原本隐藏的风险暴露出来，对银行资产负债表造成了很大压力。银行更加迫切地寻找机会化解风险。在该种背景下，为了加快不良资产处置的进程，拓展银行的处置手段，除了向资产管理公司批量转让之外，还应该允许其向社会投资者进行转让。同时，不宜对其转让户数进行穿透计算，否则会极大地限制对不良债权有强烈购买意愿和处置能力的社会投资者。此外，只要严格遵守了公开的拍卖程序，即使向社会投资者连续多次转让不良债权，适用上述规则并不会造成国有资产的流失。

综上所述，经合法程序，金融企业有权向社会投资者单次转让3户以下不含3户的不良资产。只要每次转让均依法履行有关手续，数次交易的转让户数并不合并计算。

五、相关法律和案例

（一）关于不穿透计算的规定

1.《中国银行业监督管理委员会关于商业银行向社会投资者转让贷款债权法律效力有关问题的批复》：

一、对商业银行向社会投资者转让贷款债权没有禁止性规定，转让合同具有合同法上的效力。社会投资者是指金融机构以外的自然人、法人或者其他组织。

二、转让具体的贷款债权，属于债权人将合同的权利转让给第三人，并非向社会不特定对象发放贷款的经营性活动，不涉及从事贷款业务的资格问题，受让主体无须具备从事贷款业务的资格。

……

四、商业银行向社会投资者转让贷款债权，应当采取拍卖等公开形式，以形成公允价格，接受社会监督。

五、商业银行向社会投资者转让贷款债权，应当向银监会或其派出机构报告，接受监管部门的监督检查。

2.《金融企业不良资产批量转让管理办法》：

第三条 本办法所称资产管理公司，是指具有健全公司治理、内部管理控制机制，并有5年以上不良资产管理和处置经验，公司注册资本金100亿元（含）以上，取得银监会核发的金融许可证的公司，以及各省、自治区、直辖市人民政府依法设立或授权的资产管理或经营公司。各省级人民政府原则上只可设立或授权一家资产管理或经营公司，核准设立或授权文件同时抄送财政部和银监会。上述资产管理或经营公司只能参与本省（区、市）范围内不良资产的批量转让工作，其购入的不良资产应采取债务重组的方式进行处置，不得对外转让。批量转让是指金融企业对一定规模的不良资产（10户/项以上）进行组包，定向转让给资产管理公司的行为。

3.《关于公布云南省、海南省、湖北省、福建省、山东省、广西壮族自治区、天津市地方资产管理公司名单的通知》①：

三、批量转让是指金融企业对3户及以上不良资产进行组包，定向转让给资产管理公司的行为。金融企业和地方资产管理公司开展金融企业不良资产批量转让、处置业务，应当严格遵守金融不良资产管理、处置的法律、行政法规和监管要求。金融企业不得向金融资产管理公司、地方资产管理公司以外的主体批量转让不良资产。发生重要事项时，应当及时向银监会、财政部报告。

（二）关于不穿透计算的司法案例

在"湖南某有限公司与丁某等借款合同纠纷申请再审案"中，2013年11月21日，某银行分行与某投资公司签订债权转让协议，将其对湖南某公司的贷款债权和抵押权转让给某投资公司。同日，某投资公司代为清偿湖南某公司所欠某银行分行的贷款本金及利息。

---

① 中国银行业监督管理委员会办公厅：《关于公布云南省、海南省、湖北省、山东省、广西壮族自治区、天津市地方资产管理公司名单的通知》（银监办便函〔2017〕702号），2017年4月25日发布。

2013年12月4日,某投资公司向湖南某公司送达清偿到期债务通知书,但其并没有在限定的期限内清偿债务。故某投资公司提起诉讼,要求其立即偿还欠款及支付至还款时止的损失等。本案的争议焦点之一即涉案债权转让协议是否符合法律规定。

法院经审查认为,贷款债权属于可转让债权,某投资公司受让某银行分行对湖南某公司依法享有的债权,符合贷款债权合法转让规定。理由如下:①虽然贷款通则等对从事贷款业务的主体作出规定,但并未明确禁止从事信贷业务的银行将相关金融债权转让给第三人。②贷款债权属于可转让债权,案涉债权转让协议在合同性质上并非不得转让的合同。③案涉债权虽未采取拍卖形式转让,但城建投公司系实际全额支付流动资金借款合同项下本金及利息而受让债权,出卖人的权益已得到充分保证,第三人利益亦未被损害,关于债权转让未公开竞价,不具有合法性的主张不成立。①

第四节　债权转让通知规则

随着不良贷款的持续增长,相继成立的资产管理公司数量也日益增加,不良资产市场趋于活跃,一级、二级市场参与主体趋于多元化、多样化。除了四大金融资产管理公司及多家地方资产管理公司之外,各个投资企业、个人等相关市场主体也参与进来。但是,债权转让通知的方式始终是困扰不良资产处置行业市场参与者的难题。

《民法典》第五百四十六条沿袭了《合同法》第八十条的规定。根据《民法典》第五百四十六条,"债权人转让债权,未通知债务人的,该转让对债务人不发生效力。债权转让的通知不得撤销,但是经受让人同意的除外"。对于债权转让通知的履行方式,民法典却语焉不详。此前,最高人民法院允许国有银行和金融资产管理公司转让不

---

① 湖南省高级人民法院(2014)湘高法民二终字第143号民事判决书。

良债权时采用公告通知的方式。① 而对于地方资产管理公司和其他投资者能否进行公告通知，则付诸阙如。同时，随着相关司法解释的失效，在新规定尚未发布之际，关于公告通知的效力和方式等问题，法律实则留有空白。债权转让通知规则的建立，丰富了债权转让通知的履行方式，并成功激励更多市场参与者加入处置不良资产的事业当中。

一、案例引入

某银行分行将某饮料公司的一笔银行债权依法转让给A资产管理公司广州办事处（简称"A公司"），后又依次转让给B资产管理公司广州办事处、C资产管理有限公司、D投资公司、E投资公司。各债权人通过报纸刊登债权转让暨债务催收通知。后债务人否认债权转让通知的有效性，遂引发纠纷。②

本案的争议焦点为：A公司是否履行了债权转让中要求的通知义务？

某银行在2002年12月27日至2003年12月26日期间，分8笔向A公司发放涉案的3159万元贷款本金。2002年3月25日，该银行与B公司签订最高额担保合同，担保相关债权。2005年4月20日，该银行向A公司催收本金及其利息时，A公司签收了催收函，并确认了所欠本金余额及其利息。2005年7月20日，有关债权被转

---

① 具体规定参见《最高人民法院对〈关于贯彻执行最高人民法院"十二条"司法解释有关问题的函〉的回复》。
② 广东省珠海市中级人民法院（2016）粤04民终193号判决书。

让给 C 金融资产管理公司长沙办事处。2005 年 9 月 21 日,该银行与 C 公司长沙办事处在《湖南日报》刊登债权转让通知暨债务催收联合公告,请 A 公司和 B 公司承担还款或者担保责任。2007 年 9 月 19 日、2009 年 9 月 16 日和 2011 年 9 月 13 日,C 公司长沙办事处分别在《湖南日报》上刊登债权催收公告,请 A 公司和 B 公司立即清偿相关债务。2012 年 11 月 20 日,C 公司长沙办事处将有关债权转让给 D 金融资产管理公司深圳公司。2012 年 12 月 26 日,C 公司长沙办事处和 D 公司深圳公司在《湖南日报》刊登债权转让通知暨债务催收联合公告。后 D 公司向 A 公司、B 公司清收债权未果,向法院提起诉讼。A 公司、B 公司主张该案已过诉讼时效,其未收到本案债权由 C 公司转让给 D 公司的书面通知,法律并未授权两个金融资产公司之间的债权转让可以通过登报公告的形式送达。①

本案争议焦点是:C 公司、D 公司发布联合公告及催收的行为,是否能够导致诉讼时效中断?

二、相关行规

出卖人与买受人在订立不良债权转让合同后的合理期间内在债务人所在地的省级以上有影响力的媒体上连续刊登不良资产转让公告的,构成《中华人民共和国民法典》第五百四十六条的"通知",若公告中含有向债务人催收的内容,则构成《中华人民共和国民法典》第一百九十五条第一项所规定的"权利人向义务人提出履行请求"。

三、行规释义

关于公告通知的适用范围。国有银行、金融资产管理公司、地方资产管理公司享有直接适用公告通知的权利。普通投资者原则上不得使用公告方式通知债务人。仅在若干例外情形下,公告可作为普通投资者通知债务人的补充手段。

2001 年,最高人民法院发布的《最高人民法院关于审理涉及金

---

① 最高人民法院(2016)最高法民终 96 号判决书。

融资产管理公司收购、管理、处置国有银行不良贷款形成的资产的案件适用法律若干问题的规定》①（简称《"十二条"司法解释》）第六条赋予国有银行公告通知的权利。此后，根据最大限度保护国有资产的审判政策，考虑到《"十二条"司法解释》的十二条内容适用范围过于狭窄，最高人民法院陆续出台的《最高人民法院关于金融资产管理公司收购、处置银行不良资产有关问题的补充通知》②和《最高人民法院关于审理涉及金融不良债权转让案件工作座谈会纪要》（简称《纪要》）又将公告通知的适用范围扩大至金融资产管理公司。③

2012年1月28日，财政部允许省级人民政府设立或授权一家资产管理公司或经营公司④；2016年，银监会放宽了地方资产管理公司的相关限制，允许每个省最多设立两家地方资产管理公司，并解除了地方资产管理公司不得对外转让不良资产的限制。⑤ 2021年1月7日，中国银保监会颁布《关于开展不良贷款转让试点工作的通知》，参与试点的不良贷款收购机构包括地方资产管理公司。随着不良资产一级市场牌照的逐渐放开，地方资产管理公司在不良资产处置环节中的地位逐渐得到提升，其所发挥的作用与金融资产管理公司不相上下，也应赋予其公告通知的权利。

普通投资者在特定情形下可以使用公告方式通知债务人。为了防止公告通知的方式被滥用，使得债务人的利益受到损害，只有在普通投资者难以通知债务人时，方可采用公告通知方式，并须保留通过书

---

① 最高人民法院：《最高人民法院关于审理涉及金融资产管理公司收购、管理、处置国有银行不良贷款形成的资产的案件适用法律若干问题的规定》（法释〔2001〕12号），该法于2021年1月1日被废止。

② 最高人民法院：《最高人民法院关于金融资产管理公司收购、处置银行不良资产有关问题的补充通知》（法〔2005〕62号，2005年5月30日发布）："一、国有商业银行（包括国有控股银行）向金融资产管理公司转让不良贷款，或者金融资产管理公司受让不良贷款后，通过债权转让方式处置不良资产的，可以适用本院发布的上述规定。"

③ 《最高人民法院关于审理涉及金融不良债权转让案件工作座谈会纪要》（法发〔2009〕19号，2009年03月30日发布）第十一点。

④ 参见《金融企业不良资产批量转让管理办法》（财金〔2012〕6号），2012年01月18日发布。

⑤ 参见《关于适当调整地方资产管理公司有关政策的函》（银监办便函〔2016〕1738号），2016年10月14日发布。

面、数据电文等非公告方式履行通知义务后无果的证据。

债权转让的通知应由出卖人做出。根据《民法典》第五百四十六条的规定，转让债权时，应由债权人通知债务人。具体而言，实务中不良资产转让的公告通知多由出卖人与买受人共同落款，在省级以上有影响力的媒体上发布债权转让暨债务催收联合公告。此种方式最为妥当。关于买受人通知的问题，本书认为，在一般情形下，为提高转让通知的可信度并防止其他第三人假为通知①，不宜由买受人进行公告通知。只有在债权人不愿通知的极端情形下，才能由买受人进行公告通知，同时买受人必须提供取得债权的证据。②

只有在债权转让通知到达债务人时，债务人才有义务向债权受让人清偿。法律规定：债权人转让债权，未通知债务人的，该转让对债务人不发生效力。民法典以转让通知是否到达债务人作为判断债权转让是否对债务人发生效力的关键，而非以债务人是否知悉债权转让作为关键。因此，民法典采取了纯粹的客观模式。③ 在公告通知之前，债务人对受让人不负有履行义务，债务人有权拒绝受让人的履行请求。若债务人向让与人履行债务，债权因清偿而消灭，债务人有权拒绝受让人之后的履行请求，但是受让人可依据不当得利请求让与人返还所获利益。

单纯的公告通知不能构成诉讼时效中断的事由，但公告中含有向债务人主张权利内容的除外。

四、行规评述

民法典并未明确规定如何通知债务人债权已经转让。此前颁布的司法解释和规范性文件仅规定了国有银行和金融资产管理公司可以适用公告通知的方式。有学者对此提出了批评，他们认为债权转让中适

---

① 参见徐涤宇《〈合同法〉第 80 条（债权让与通知）评注》，载《法学家》2019 年第 1 期，第 179 页。
② 参见崔建远《合同法学》，法律出版社 2015 年版，第 189 页。
③ 参见朱虎《债权转让中对债务人的程序性保护：债权转让通知》，载《当代法学》2020 年第 6 期，第 71 页。

用公告通知并无正当性。第一，从立法的正当性上看，没有为国有银行和金融资产管理公司进行特别立法的必要性。第二，上述司法解释违背了公告通知的补充性质。所谓公告，就是用使不特定多数人能了解的方法进行公示。第三，上述司法解释也违背了债权转让不得恶化债务人地位的原则。公告通知实际上赋予了债务人必须时刻关注报纸公告的义务。①

上述反对理由在学理上有一定合理性。于一般的债权转让而言，因债务人并无查询公告的义务，通常情况下没有公告通知适用的可能。但是，不良资产转让行为与其他债权转让行为有所不同，站在功能主义立场上讲，为促进不良债权流转，及时化解相关社会风险，公告通知有其适用的必要性。不良资产中的债务人很多都是长期逃避债务或者无力偿还债务者，很多债务人、保证人都难以查找。即使能找到，多数也拒绝在催收文书上签字、盖章。而国有银行转让不良资产时，通常情况下都会进行批量转让，涉及的债务人数量庞大。若每次转让均需要使债务人知晓才对其生效，实际操作难度较大，不良资产的处置工作也会自始陷入困境，不利于保护国有资产。此外，国家成立四大金融资产管理公司的目的就是收购、管理、处置从国有银行剥离出来的不良资产；它们以为商业银行最大限度地保全资产、减少损失为主要目标；它们主要的处置手段是将受让的不良资产包进行二次转让，所以它们在处置资产过程中面临与国有银行相同的困境。因此，允许金融资产管理公司采用公告通知的方式同样很有必要。② 在上述案例二中，A 公司和 B 公司主张法律并未授予金融机构之间以公告通知转让不良债权的权利，是对相关条文的误读，湖南高院和最高院均指出，债权转让及通知行为，符合相关法律规定。

与金融资产管理公司、银行等持牌金融机构不同，虽然地方资产管理公司同样依据国家政策而成立，业内亦称之为类金融机构或准金

---

① 方新军：《〈合同法〉第 80 条的解释论问题——债权让与通知的主体、方式及法律效力》，载《苏州大学学报》2013 年第 4 期，第 98 页。
② 可钦锋：《银行业不良资产处置法律实务：要点剖析与疑难解答》，中国法制出版社 2018 年版，第 158 页。

融机构,但是法律法规等对地方资产管理公司的性质、地位并无明确的规定,地方资产管理公司在众多方面无法享有与金融资产管理公司、银行等金融机构同等的法律地位和政策待遇。

但是,地方资产管理公司在整合区域资源方面比金融资产管理公司更具优势,并且市场化的机制使其在产品设计等方面更具灵活性。作为区域金融的"稳定器",地方资产管理公司已成为地方政府防范和化解区域性金融风险的新抓手。它们在为地方企业解困和化解区域金融风险等方面持续发力,并积极参与和助力供给侧结构性改革。对于该行业的稳定和发展,地方资产管理公司正在发挥着越来越重要的积极作用。而不良债权收购处置作为地方资产管理公司主营业务之一,在日常经营中占据重要地位。为保证地方资产管理公司有效通知债务人等主体,维护其自身合法的债权权益,有必要赋予其公告通知的权利。

除此之外,普通投资者是否可以通过公告履行通知义务?在上述案例一中,某饮料公司以 A 公司未履行通知义务提出抗辩:第一,"通知"具有相对性、确定性,公告则无此特点,因此,公告不等于履行通知义务;第二,本案中被上诉人不具有国有金融资产管理公司或国有银行机构的主体性质,以公告方式来通知债务人,对上诉人而言不能产生最终的债权转让的法律效力。不过一审、二审法院均否决了该抗辩理由。二审法院认为"本案借款时间过长,债务人处于停业状态,部分债务人已被破产终结,采取直接送达通知的方式也不客观,这也与 E 公司在 2012 年采用邮寄方式送达通知被退回相印证",从而认定 A 公司已经履行通知义务。

尽管《最高人民法院关于判决确定的金融不良债权多次转让人民法院能否裁定变更申请执行主体请示的答复》① 和《纪要》第十一条明确指出普通受让人不能适用相关特殊规定,但是,可以借鉴《最高人民法院关于审理民事案件适用诉讼时效制度若干问题的规定

---

① 最高人民法院:《最高人民法院关于判决确定的金融不良债权多次转让人民法院能否裁定变更申请执行主体请示的答复》(〔2009〕执他字第 1 号),2009 年 6 月 15 日发布。

(2020 修正)》(简称《诉讼时效相关规定》)第八条①的规定,将公告通知作为普通社会投资者通知无果后的救济手段。

据此,课题组认为上述判决思路较为合理。在特定情形下,普通投资者有适用公告通知的必要。而这也是最高法院今后出台司法解释的思路。② 其一,在司法实践中,债务人地址变更、下落不明、拒收通知等情况屡见不鲜,而公证送达又难以满足一次性通知多个债务人的需求。因此,其他债务转让通知方式的低效以及法律规定的不足给处置工作带来了许多阻碍和麻烦。债务人经常打法律擦边球,逃避债务,导致不良债权处置工作几近停滞。公告通知方式能为债权催收带来便利。其二,当前金融不良债权交易逐步进入商业化、市场化的阶段,参与主体的类型越来越广泛。对诉讼时效的中断、通知义务的履行等法律适用问题的解决,应当本着平等的原则进行,不应当再将金融机构、金融资产管理公司与其他市场主体不合理地区别对待,否则将不利于营造良好的竞争环境。

但是,有必要对普通投资者采用公告通知的方式进行合理的限制。在穷尽其他通知方式,如电话、短信、电子邮件、邮寄通知,仍无法与债务人取得联系时,普通投资者方可通过公告方式通知债务人,且需要留存以其他方式履行通知义务而无果的证据。这是因为国有商业银行、金融资产管理公司和地方资产管理公司兼有防止国有资产流失的重任,而普通投资者不具备上述职能。同时,如不对公告通知进行必要限制,会导致其滥用公告通知,从而过度侵害债务人利益。

此外,有必要明确公告通知与诉讼时效的关系。有学者主张公告

---

① 《最高人民法院关于审理民事案件适用诉讼时效制度若干问题的规定(2020 修正)》(2020 年 12 月 29 日发布,自 2021 年 1 月 1 日起施行)第八条:具有下列情形之一的,应当认定为《民法典》第一百九十五条规定的"权利人向义务人提出履行请求",产生诉讼时效中断的效力:……(四)当事人一方下落不明,对方当事人在国家级或者下落不明的当事人一方住所地的省级有影响的媒体上刊登具有主张权利内容的公告的,但法律和司法解释另有特别规定的,适用其规定。

② 参见《最高人民法院对十三届全国人大三次会议第 5510 号建议的答复》(2020 年 11 月 4 日发布)第二点。

通知含有向债务人主张债权的意思,当然构成时效中断的原因。① 本书认为,单纯的公告通知不能构成诉讼时效中断的事由,但公告中含有主张权利内容的除外。其一,通说认为债权让与通知在法律性质上属于观念通知。② 其性质为准法律行为,并不包含向债务人主张权利的意思表示。③ 其二,只有符合条件的公告通知才能产生诉讼时效中断的效果,这些条件包括《"十二条"司法解释》第十条、《答复》第十一条和《纪要》第十一点中规定的"有催收债务内容",以及《诉讼时效规定》第八条中规定的"具有主张权利内容的公告"等。其三,司法实践中多强调催收对于诉讼时效中断的重要性。如在上述案例二中,湖南高院和最高人民法院在论证该案未过诉讼时效时,强调了是因为 C 公司、D 公司在《湖南日报》上发布了具有催收内容的债权转让通知及公告。由此可见,导致诉讼时效中断的不是公告通知,而是催告。

综上所述,在该行规下,国有商业银行、金融资产管理公司和地方资产管理公司可以公告通知的方式作为其履行债权转让通知义务的常规手段,而普通投资者原则上不能采用公告通知的方式。只有在难以通知到债务人的情况下,普通投资者方可将公告作为履行债权转让通知义务的补充手段。为了稳妥起见,买受人可以采用公证邮寄送达等方式通知债务人。最后,若要达到中断诉讼时效的效果,公告中需要包含催收债务的意思。

---

① 参见如魏振瀛主编《民法》(第五版),北京大学出版社 2013 年版,第 388—389 页;参见王家福主编《民法债权》,中国社会科学出版社 2015 年版,第 132 页。

② 持此种观点的学者,参见崔建远主编《合同法》(第六版),法律出版社 2016 年版,第 177 页;韩世远《合同法总论》(第四版),法律出版社 2018 年版,第 612 页;方新军《合同法第 80 条的解释论问题——债权让与通知的主体、方式及法律效力》,载《苏州大学学报》(哲学社会科学版) 2013 年第 4 期,第 103 页;徐涤宇《〈合同法〉第 80 条(债权让与通知)评注》,载《法学家》2019 年第 1 期,第 177 页。亦有学者主张事实行为说,参见申建平《对债权让与通知传统理论的反思》,载《求是学刊》2009 年第 4 期,第 67—68 页;也有学者主张单方法律行为说,参见尹飞《论债权让与中债权移转的依据》,载《法学家》2015 年第 4 期,第 89—90 页。

③ 参见崔建远《债权让与续论》,载《中国法学》2008 年第 3 期,第 49 页。

五、相关法律和案例

(一) 关于债权转让通知的规定

1.《民法典》：

第五百四十六条 债权人转让债权，未通知债务人的，该转让对债务人不发生效力。债权转让的通知不得撤销，但是经受让人同意的除外。

2.《最高人民法院关于审理涉及金融资产管理公司收购、管理、处置国有银行不良贷款形成的资产的案件适用法律若干问题的规定》：

第六条 金融资产管理公司受让国有银行债权后，原债权银行在全国或者省级有影响的报纸上发布债权转让公告或通知的，人民法院可以认定债权人履行了《中华人民共和国合同法》第八十条第一款规定的通知义务。在案件审理中，债务人以原债权银行转让债权未履行通知义务为由进行抗辩的，人民法院可以将原债权银行传唤到庭调查债权转让事实，并责令原债权银行告知债务人债权转让的事实。

第十条 债务人在债权转让协议，债权转让通知上签章或者签收债务催收通知的，诉讼时效中断。原债权银行在全国或者省级有影响的报纸上发布的债权转让公告或通知中，有催收债务内容的，该公告或通知可以作为诉讼时效中断证据。

3.《最高人民法院对〈关于贯彻执行最高人民法院"十二条"司法解释有关问题的函〉的答复》①：

依据我院《关于审理涉及金融资产管理公司收购、管理、处置国有银行不良贷款形成的资产的案件适用法律若干问题的规定》（以下简称《规定》）第十条规定，为了最大限度地保全国有资产，金融资产管理公司在全国或省级有影响的报纸上发布的有催收内容的债权转让公告或通知所构成的诉讼时效中断，可以溯及至金融资产管理公

---

① 最高人民法院：《最高人民法院对〈关于贯彻执行最高人民法院"十二条"司法解释有关问题的函〉的答复》（法函〔2002〕3号），2002年1月7日发布。

司受让原债权银行债权之日；金融资产管理公司对已承接的债权，可以在上述报纸上以发布催收公告的方式取得诉讼时效中断（主张权利）的证据。关于涉及资产管理公司清收不良资产的诉讼案件，其"管辖问题"应按《规定》执行。

4.《最高人民法院关于金融资产管理公司收购、处置银行不良资产有关问题的补充通知》：

一、国有商业银行（包括国有控股银行）向金融资产管理公司转让不良贷款，或者金融资产管理公司受让不良贷款后，通过债权转让方式处置不良资产的，可以适用本院发布的上述规定。① ……三、金融资产管理公司转让、处置已经涉及诉讼、执行或者破产等程序的不良债权时，人民法院应当根据债权转让协议和转让人或者受让人的申请，裁定变更诉讼或者执行主体。

5.《最高人民法院关于审理涉及金融不良债权转让案件工作座谈会纪要》：

十一、关于既有规定的适用。会议认为，国有银行向金融资产管理公司转让不良债权，或者金融资产管理公司受让不良债权后，通过债权转让方式处置不良资产的，可以适用最高人民法院《关于审理金融资产管理公司收购、管理、处置国有银行不良贷款形成的资产的案件适用法律若干问题的规定》、《关于贯彻执行最高人民法院"十二条"司法解释有关问题的函的答复》、《关于金融资产管理公司收购、管理、处置银行不良资产有关问题的补充通知》和《关于国有金融资产管理公司处置国有商业银行不良资产案件交纳诉讼费用的通知》。受让人受让不良债权后再行转让的，不适用上述规定，但受让人为相关地方人民政府或者代表本级人民政府履行出资人职责的机构、部门或者持有国有企业债务人国有资本的集团公司除外。

国有银行或者金融资产管理公司根据《关于贯彻执行最高人民

---

① 指《关于审理金融资产管理公司收购、管理、处置国有银行不良贷款形成的资产的案件适用法律若干问题的规定》、《关于贯彻执行最高人民法院"十二条"司法解释有关问题的函的答复》和《关于国有金融资产管理公司处置国有商业银行不良资产案件交纳诉讼费用的通知》。

法院"十二条"司法解释有关问题的函的答复》的规定,在全国或省级有影响的报纸上发布有催收内容的债权转让通知或公告的,该公告或通知之日应为诉讼时效的实际中断日,新的诉讼时效应自此起算。上述公告或者通知对保证合同诉讼时效发生同等效力。

6.《最高人民法院关于判决确定的金融不良债权多次转让人民法院能否裁定变更申请执行主体请示的答复》:

《最高人民法院关于金融资产管理公司收购、处置银行不良资产有关问题的补充通知》第三条,虽只就金融资产管理公司转让金融不良债权环节可以变更申请执行主体作了专门规定,但并未排除普通受让人再行转让给其他普通受让人时变更申请执行主体。此种情况下裁定变更申请执行主体,也符合该通知及其他相关文件中关于支持金融不良债权处置工作的司法政策,但对普通受让人不能适用诉讼费用减半收取和公告通知债务人等专门适用金融资产管理公司处置不良债权的特殊政策规定。

7.《金融企业不良资产批量转让管理办法》:

第十九条 发布转让公告。转让债权资产的,金融企业和受让资产管理公司要在约定时间内在全国或者省级有影响的报纸上发布债权转让通知暨债务催收公告,通知债务人和相应的担保人,公告费用由双方承担。双方约定采取其他方式通知债务人的除外。

8.《最高人民法院关于审理民事案件适用诉讼时效制度若干问题的规定(2020修正)》:

第八条 具有下列情形之一的,应当认定为《民法典》第一百九十五条规定的"权利人向义务人提出履行请求",产生诉讼时效中断的效力:

(一)当事人一方直接向对方当事人送交主张权利文书,对方当事人在文书上签名、盖章、按指印或者虽未签名、盖章、按指印但能够以其他方式证明该文书到达对方当事人的;

(二)当事人一方以发送信件或者数据电文方式主张权利,信件或者数据电文到达或者应当到达对方当事人的;

(三)当事人一方为金融机构,依照法律规定或者当事人约定从

对方当事人账户中扣收欠款本息的;

（四）当事人一方下落不明，对方当事人在国家级或者下落不明的当事人一方住所地的省级有影响的媒体上刊登具有主张权利内容的公告的，但法律和司法解释另有特别规定的，适用其规定。

前款第（一）项情形中，对方当事人为法人或者其他组织的，签收人可以是其法定代表人、主要负责人、负责收发信件的部门或者被授权主体；对方当事人为自然人的，签收人可以是自然人本人、同住的具有完全行为能力的亲属或者被授权主体。

9.《最高人民法院对十三届全国人大三次会议第5510号建议的答复》：

二、关于金融不良债权转让登报公告适用主体和条件的问题

根据法律规定，转让债权不需经债务人同意，但应当通知债务人。债权人转让债权，未通知债务人的，该转让对债务人不发生效力。通知为债权转让事实的告知，是否通知债务人决定了转让行为是否对债务人产生法律约束力，并进一步决定债务人应向谁履行义务等，一方面尊重了债权人对权利处分的自由，另一方面也保障了债务人的利益。目前的法律规定对通知仅有较为原则性的规定，对于通知的主体、通知的方式等未作明确具体的规定，实践中也产生一些争议。部分观点认为，债权人可以口头、书面、电子及其他能够证明已履行通知义务的相关方式来履行通知的义务。根据《最高人民法院关于审理涉及金融资产管理公司收购、管理、处置国有银行不良贷款形成的资产的案件适用法律若干问题的规定》第六条第一款的规定，金融资产管理公司受让国有银行债权后，原债权银行在全国或者省级有影响的报纸上发布债权转让公告或通知的，人民法院可以认定债权人履行了通知义务。根据《最高人民法院关于审理涉及金融不良债权转让案件工作座谈会纪要》精神，受让不良债权的普通民事主体原则上不适用公告方式履行债权转让通知义务。但实践中也不应排除在债务人下落不明、无法以其他有效方式直接通知的情况下，参照民事送达的有关规定，以公告方式履行通知义务。当然，在当事人因为通知发生争议时，通知人应当对是否已履行通知义务进行举证。按照

第二章 金融不良资产受让环节的行规

上述纪要的规定，在诉讼案件和申请变更执行人的审查案件中，债务人以原债权银行转让债权未履行通知义务为由进行抗辩的，人民法院可以具体向原债权银行、原申请执行人调查债权转让事实，并责令原债权银行、原申请执行人告知债务人债权转让的事实。司法实践中，也认可原告起诉状的送达一定意义上作为向债务人履行通知义务的方式。因此，对通知的形式，最核心的还是要从告知债务人债权转让事实的目的角度来把握。从债务人的角度看，债权转让对债务人的通知，只是对债务人发生履行的效力，可以以其实际知道债权转让之日起负履行的责任。最高人民法院正在着手研究起草有关不良资产转让的司法解释，对登报公告等方式的限制也予以了着重考虑，拟对公告方式设置一定的标准和条件，在限制和允许之中寻找合理的平衡点。

（二）关于债权转让通知的司法案例

在"E 投资公司与某饮料公司金融不良债权转让合同纠纷案"中，2004 年 6 月 28 日，某银行分行将其对某饮料公司的债权依法转让给 A 资产管理公司广州办事处；2004 年 11 月 29 日，A 资产管理公司广州办事处将上述债权依法转让给 B 资产管理公司广州办事处；2008 年 12 月 30 日，B 资产管理公司广州办事处将上述债权依法转让给 C 资产管理有限公司；2009 年 10 月 10 日，C 资产管理有限公司将上述债权依法转让给 D 投资有限公司；2010 年 12 月 3 日，D 投资有限公司依法将上述债权转让给 E 投资公司。

某银行支行此前多次向某饮料公司送达了逾期贷款催收通知书。之后，各债权人于合理期限内通过报纸刊登债权转让暨债务催收通知。

本案诉讼至法院后，争议焦点之一是 E 公司采用报纸公告方式，是否已经履行了债权转让中的通知义务。

二审法院认为，债权转让自转让通知债务人之时即对债务人发生效力，但法律法规并未对通知的方式、方法作出限制性规定。法律也没有禁止采用报纸公告的通知方式。具体到本案借款时间过长，债务人处于停业状态，部分债务人已被破产终结，采取直接送达通知的方式也不客观，这也与 E 投资公司在 2012 年采用邮寄方式送达通知被退回相印证。而《南方日报》《羊城晚报》是在广东省内公开广泛发行的报纸,以登报的方式通知债权转让及催收的事实更具有时效性、公开性和广泛性,与单个书面通知具有同等作用和效力,本次债权转让并没有导致债务人错误履行债务、双重履行债务或加重债务人履行债务的负担,也没有损害某饮料公司的利益。原审法院认定债权人已将债权转让的事实告知债务人,本院予以维持。①

第五节 不良资产包的整体性规则

批量转让不良资产已然成为整个行业的普遍做法。为使不良资产市场活跃起来,银行或金融资产管理公司需要将可回收比例各不相同的不良资产进行合理组合,形成资产包后整体出售。与转让单个不良资产相比,转让不良资产包有诸多好处。它提高了银行处置不良贷款的效率,同时,资产的买受人也可以做到分散投资、控制风险。然而,如果将不良资产包视为不同债权的简单相加,买受人实现部分不良债权并由此获益后,还可以将剩余不能变现的资产返还出卖人以避免承担风险,这对出卖人来说显失公平。不良资产包的整体性规则能更好地平衡买卖双方的利益,也促进了不良资产处置行业的健康发展。

一、案例引入

2005年12月27日,某投资管理有限公司通过拍卖程序以7350万元的价格从某公司办事处购买了鞍山、朝阳、锦州、阜新、营口、盘锦及葫芦岛七个地区的资产包,包内总资产约26亿元,包括771项债权和13项实物资产。2006年2月5日,某投资管理公司将资产包中的240项债权和3项实物资产转让给第三人沈阳某项目投资管理

---

① 广东省珠海市中级人民法院(2016)粤04民终193号判决书。

有限公司。后该投资管理有限公司因未能顺利取得资产包内剩余的部分债权和实物资产诉至法院，要求解除债权转让协议。①

本案的争议焦点是：该投资管理有限公司是否有权解除债权转让协议？

二、相关行规

不良资产经过科学、合理地组合形成资产包后出让的，应当被视为一个不可分割的整体。以此种不良资产包为标的的转让协议不得被部分解除。

当受让人已实现不良资产的部分经济利益，整体返还不良资产包已无可能，受让人不得解除整个不良资产转让协议，但可要求出卖人承担相应的违约责任。

三、行规释义

不良资产是指已经产生资金净损失或存在潜在亏损的资产，包括已经或预期将会发生违约的各类债权。不良资产包是指对不良资产进行科学、合理的组合后形成的资产组合，是金融不良资产转让合同的标的。

不良资产包的不可分割性是不良资产包的整体性规则得以成立的前提。金融不良资产的批量转让是常态。首先，受让人只能选择全部买入不良资产或不买其中任何一个资产，而不能对资产包内的资产进行挑选。其次，不良资产的组包需要合理考虑交易双方均有利可图，保障不良资产包的不可分割性能够落到实处。

本行规意味着不良资产包的转让协议具有整体性。买受人只能要求解除转让协议之整体，并将该协议项下所有资产全部返还给转让人。买受人在获得部分不良债权所带来的经济利益后，不得再要求返还无法实现的不良资产对应的转让价款。

本行规既适用于金融企业向持牌的金融资产管理公司转让不良资

---

① 参见最高人民法院（2009）民提字第 125 号判决书。

产包的交易，又适用于金融资产管理公司向其他投资者以及社会投资者之间转让不良资产包的交易。本行规不适用于转让单个不良资产或未组包的少量不良资产的交易。

本行规不影响违约责任的承担。根据《民法典》第五百七十七条、第五百七十八条的规定，不良资产包出卖人发生违约行为并造成损害的，买受人有权依法要求出卖人承担继续履行、采取补救措施或赔偿损失等违约责任。

四、行规评述

在本节的引入案例中，某公司已将受让的部分不良资产转让给第三人并获得了相应的价款，整体返还不良资产包已无可能。倘若允许投资管理公司解除债权转让协议，部分未实现的不良资产将由投资管理公司返还给某公司办事处，相对优质的资产却已无法归还，不良资产组包的合理性即被破坏。因此，投资管理公司无权解除债权转让协议。

不良资产处置行业具有高风险、高收益的特点。单个不良债权无法清收的概率比较大。为了激活不良资产市场，出卖人往往将数个债权以及相关的担保权利组成一个资产包，一并转让给买受人。哪怕买受人只实现了资产包当中的一个债权，其所获得的利润就有可能覆盖掉为获得不良资产包所支付的转让款。因此，比起单个不良资产，买受人更愿意从转让方处购买不良资产包。

不良资产转让协议之所以具有整体性，是因为该规则可以保障风险与收益的一致性，以维护不良资产的正常流转秩序。倘若不良资产转让协议可以被部分解除，买受人就能够从资产包当中挑选有价值的资产，通过转让、催收等方式获得相应的经济利益后，再拿回没有价值的资产对应的转让款，达到稳赚不赔的目的。但是，不良资产的风险实际上已由转让方承担。如果不良资产的转让协议使得收益由买受人享受而风险却不能分散给买受人，出卖人就没有任何理由签订这样的协议。正因如此，不良资产转让协议只能被整体解除。

不良资产包的整体性规则，能够使不良资产处置行业更好地发挥分散、化解金融风险的功能，防止金融风险过度集中。如上所述，买受人处置不良资产所获得的回报，本质上来说是对资产包内其他资产无法变现的风险的补偿。转让不良资产包的实质是风险的转移。出卖人不再承担资产无法变现的风险，代价是只能获得金额为转让价款的固定收益。相反，买受人只承担金额为转让价款的固定损失，却能获得以不良资产包的资产总额为上限的可变收益。不良资产的整体性规则为不良资产交易行为的发生奠定了基础，进而能使风险得到顺利转移。因此，不良资产包的整体性规则是使不良资产处置行业能够完成化解金融风险这一历史使命的重要法律基础。

然而，现行民法典的规定并没能完全兼顾不良资产处置行业的特殊需要。根据《民法典》第五百六十三条第四项的规定，如果出卖人的违约行为导致合同目的不能实现，买受人可以要求解除合同。不良资产包里的各项资产往往是相互独立的。各项义务的履行互不影响。所以，一份债权转让协议在理论上就可以被拆解为数个独立的合同关系。倘若出卖人就不良资产包中的一项或数项资产有违约行为使得合同目的部分不能实现，那么买受人就有权解除以交付该项资产为主要内容的转让合同。

民法典是为大多数交易行为所设立的一般规则，无法兼顾不良资产包转让这种特殊的交易类型。作为一项行业规范，不良资产包的整体性规则既能够弥补一般规范所无法涵盖的特殊交易，又不至于因特殊的规范内容导致民商事法律体系的整体失衡。在法理上承认行业规范作为法源之一，使之适用于特定行业的交易类型，可以丰富民商事法律渊源，完善民商法律体系。不良资产包的整体性规则就是极佳的例证之一。

五、相关法律和案例

（一）关于不良资产包的整体性的规定

1. 《民法典》：

第五百六十三条　有下列情形之一的，当事人可以解除合同：……（三）当事人一方迟延履行主要债务，经催告后在合理期限内仍未履行；（四）当事人一方迟延履行债务或者有其他违约行为致使不能实现合同目的。

第五百七十七条 当事人一方不履行合同义务或者履行合同义务不符合约定的，应当承担继续履行、采取补救措施或者赔偿损失等违约责任。

2.《财政部关于金融资产管理公司债权资产打包转让有关问题的通知》①：

二、打包转让方案的主要内容和审查重点应至少包括以下内容：

（一）原则。资产公司采取打包转让方式既要有利于加速处置，降低成本，又要符合回收最大化的原则，不能单方面追求处置速度和节约费用而忽视损失。

（二）打包规模。资产包规模应适中，既防止资产包过大而限制投资者范围，影响资产转让的公平性，也防止资产包规模过小而达不到打包处置的基本目的。

（三）资产包结构。科学合理组包，保证包内资产质量、形态、行业、地区分布等的合理性。

（二）关于不良资产包的整体性的司法案例

在"某投资管理有限公司与某资产管理公司办事处债权转让合同纠纷再审案"中，2005年12月12日，某拍卖有限公司在《辽宁日报》上发布出售鞍山、朝阳、锦州、阜新、营口、盘锦及葫芦岛七个地区的资产包的拍卖公告。2005年12月27日，某投资管理有限公司（以下简称"投资管理公司"）通过辽宁华安拍卖有限公司以拍卖方式从某资产管理公司办事处（以下简称"某公司办事处"）购得了鞍山、朝阳、锦州、阜新、营口、盘锦及葫芦岛七个地区的资产包并全额支付了拍卖价款7350万元。此次转让具体包括771项债权资产及13项实物资产。签订协议后，投资管理公司及时支付了全部拍卖价款，某公司办事处也交付了771项债权资产的档案材料。对于

---

① 财政部：《财政部关于金融资产管理公司债权资产打包转让有关问题的通知》（财金〔2005〕12号），2011年2月11日废止。

实物资产，双方未按协议约定在实物资产所在地共同填写实物资产交接单。投资管理公司于2006年2月5日将债权中的240户债权资产及3项实物资产转让给案外人某项目投资管理有限公司，转让价款为人民币4500万元。投资管理公司现有的债权资产中存在以下问题：29户债权已经破产终结；24户债权处于破产程序中；某公司办事处并未取得对某大厦的债权；3户债权业经某公司办事处执行回款或回物，但某公司办事处将未扣除已执行款项的全部债权转让给投资管理公司。关于实物资产部分：有2户实物资产为国有划拨土地使用权；转让的部分土地、厂房由人民法院以评估价格7327567.00元抵债给某银行盘锦市分行，投资管理公司无法办理部分土地和房屋的过户手续；投资管理公司在自行调查中找不到所转让的部分具体实物。投资管理公司多次催促某公司办事处履行对实物资产的交付义务并配合办理产权过户事宜，并且向某公司办事处发律师函要求重视此事，但是某公司办事处仍未履行实地交接和配合义务。投资管理公司、某公司办事处双方就实物资产交付及配合办理过户手续协商一年无果，引发纠纷。

原审法院认为，13项实物资产的存在，对于购买方判断该不良资产包的成本支出与预期收益的问题有重要影响。某公司办事处在合同履行过程中未能按照约定履行实物资产的交付义务，而实物资产占所转让总资产的比例较大。某公司办事处不完全履行义务之行为已经导致投资管理公司购买资产包之合同目的无法实现，故投资管理公司要求解除债权及实物资产转让协议，返还拍卖款及赔偿损失的诉讼请求，原审法院予以支持。

某公司办事处不服一审判决，向二审法院提出上诉。二审法院经过审理后认为，由于本案所涉转让的债权，是对每一笔债权或每一项实物资产分别评估定价后组合转让的，因此，转让标的是可拆分的。投资管理公司已将240户债权及3项实物资产转让给第三人，该部分资产已无法恢复原状。原审法院判决投资管理公司将剩余资产退还某公司办事处并收回相应的转让款正确，应予维持。

某公司办事处不服二审判决，向最高人民法院申请再审。最高人民法院经审理后认为，本案所涉转债标的是以资产包形式整体出售的债权，资产包内各不良金融债权良莠不齐，可回收比例各不相同。资产包应当科学合理组包，保证包内资产质量、形态、行业、地区分布等的合理性。所以，资产包一旦形成，即具有不可分割的性质，否则，上述合理性即被打破。故本案合同所涉债权和实物资产当属一个有机整体，不可分割。投资管理公司整体买进资产包，合同解除时也应当整体解除，资产整体返还。原审法院判决由投资管理公司返还资产包剩余的部分资产，对某公司办事处显失公平。为保障交易公平和交易秩序，本案合同应予维持。故投资管理公司关于解除本案合同，返还剩余债权和实物资产并赔偿相关损失的诉讼请求缺乏事实和法律依据，应当予以驳回。①

---

① 参见最高人民法院（2009）民提字第 125 号判决书。

第三章
金融不良资产交易中间环节的行规

金融不良资产具有金额数目较大、权利义务关系相对复杂、投资价值和升值空间较高的特点，对交易各方的专业化程度的要求较高，这些特性使得不良资产行业天然有了一定门槛。在现实的不良资产市场上，仅凭买方和卖方，一般不足以完成整个交易流程，往往还需要各种专业中间机构参与其中，提供必要的各类服务。韩愈《师说》有云："闻道有先后，术业有专攻，如是而已。"中间机构有着不同的专攻领域，在金融不良资产交易整套流程的各个环节中，都不乏这些机构的身影。金融资产管理公司、产权交易所、大众传媒等主体都参与到不良资产交易的中间环节中，功能上涵盖了居中促成交易、调配融通资金、提供专业意见等多个方面，为不良资产市场的正常运转发挥着不可替代的作用。

通过上述中间机构多年的实务操作和经验总结，实践中形成了不少为不良资产行业从业人员普遍遵守的行业规范。从降低准入门槛、扩大参与规模的收购通道到规范交易的付款期限、规范交易所和媒体的信息披露行为，本章聚焦中间环节实务中产生的行业规范，分别有提供收购通道规则、分期付款规则、港澳资金通道规则、交易所公告规则和媒体公告规则，以期回应实务需求，推动不良资产交易中间环节规范化发展，更好地服务于我国的营商环境建设改革。

第一节　提供收购通道规则

金融企业无法收回的坏账是一类具有很高的投资价值和潜在升值空间的重要不良资产，我国现行法所规定的市场准入范围过小，既无法满足社会投资者的投资需求，又有碍于金融机构募集发行金融产品所需的社会资本过高，降低了不良资产的处置效率。持牌资产管理公司为市场主体提供收购通道业务并未违反效力性强制法规，且有利于扩大市场准入范围，积极吸引民间资本和外资，提高处置效率，于优化国内营商环境、改善社会治理亦有一定的积极意义和现实价值。

第三章　金融不良资产交易中间环节的行规

一、案例引入

A是某大型金融企业，因业务关系对某地方企业B享有数笔债权。因B长期拒不偿付债务，A经多次催收无果，决定将债权及担保权利打包转让。民间投资者C有意收购该不良资产。但是，根据有关规定，金融企业只能向持牌经营的特定几家资产管理公司转让资产包，而不能直接转让给其他社会投资者，C遂委托具有相应资质的资产管理公司D提供收购通道。首先由D以协议的方式从A处受让相关权利，随后D通过拍卖等方式将资产包转让给C（实际成交价一般即为D与A达成的协议价），并另行收取通道费用。

历史上，为避免造成国有资产流失，我国对金融企业转让不良资产的市场准入范围有较严格的限制。收购通道业务让社会投资者以委托合同的形式"借道"持牌AMC进入不良资产市场，实质上扩大了准入范围。这类合同的效力究竟如何？是否应视情形区别对待？此外，改革开放至今已有四十余年，我国的社会经济和市场环境发生了翻天覆地的巨变。时过境迁，在今天的语境下，适度放开收购通道业务是否会有助于我国优化营商环境并构建制度完备的金融市场体系呢？

二、相关行规

资产管理公司可接受委托向金融机构购买不良资产包，并收取一定费用。资产管理公司不得为金融机构虚假出表掩盖不良资产提供通道，不得为金融机构的资产管理产品提供规避投资范围、杠杆约束等监管要求的通道。

三、行规释义

上述规则主要适用于持牌资产管理公司收购银行不良资产的环节。

根据现行规定，<u>金融企业只能向特定主体转让资产包（3户以上），而不能转让给规定以外的社会投资者</u>。由于打包出售效率更高，银行也更倾向于向资产管理公司批量转让不良资产，而不是面向个人投资者。实践中，许多投资者与资产管理公司协议，先由资产管理公司从金融企业收购特定资产包，再由社会投资者以约定价格出价并支付通道费用。若委托人违反约定，不向资产管理公司收购该资产包，则要承担违约责任。

目前，我国对收购通道业务并无效力性的强制性规定，相关判决意见以认可相关合同合法有效为主；在调研过程中，相关主体均表示，非持牌资产管理公司借道持牌资产管理公司参与银行资产包的批量转让的现象普遍存在。金融企业的坏账是一类常见的不良资产，有着很高的投资价值和潜在升值空间，在金融业相对发达的国家和地区，社会投资者收购金融企业的不良资产是很常见的现象。在不违背公序良俗、不损害公共利益的前提下，创新交易模式，适度放宽对社会投资者收购该类不良资产的限制，有利于改善我国的整体营商环境、提高交易效率、构建完备的金融市场。

四、行规评述

（一）投资者端通道业务本身并不存在法定的无效事由

第一，由《中国银保监会办公厅关于加强地方资产管理公司监督管理工作的通知》① 和 2019 年最高人民法院《全国法院民商事审判工作会议纪要》② 第 93 条可知，目前我国对待通道业务的态度是有选择性的限制而非完全禁止，并将其区分为"禁止规避监管型通道"和"具有一定正当性"的通道。所谓"具有一定正当性"是指因不合理的市场准入规则或不完善的法律规范要求而设立的通道。在 2017 年主题为"金融监管与金融创新的协调与平衡"的陆家嘴论坛结束后，银监会信托监督管理部主任邓智毅表示："有一些善意的通

---

① 银保监会办公厅：《中国银保监会办公厅关于加强地方资产管理公司监督管理工作的通知》（银保监办发〔2019〕153 号），2019 年 7 月 5 日发布。

② 最高人民法院：《全国法院民商事审判工作会议纪要》（法〔2019〕254 号），2019 年 11 月 8 日发布。

道是必须鼓励的,但是我们反对进行空转、以钱赚钱,恶意的通道我们必须遏制。"《中国银保监会办公厅关于加强地方资产管理公司监督管理工作的通知》禁止的通道业务,是资产管理公司为金融企业虚假出表掩盖不良资产提供通道的行为。现有规定的目的是督促银行实现风险的真实转移,深化金融服务实体经济的程度。非持牌资产管理公司等社会投资者受让金融机构不良资产包,优化了银行的资产结构,完成了风险的实质性转移,提升了不良资产的处置效率,与现有部门规章并未发生冲突。

第二,二级市场受让人与资产管理公司之间委托合同系双方当事人真实意思表示,在不存在其他无效事由的情况下,应当认定为有效。

我国现有法律体系对资产管理公司从事通道业务未作实体规定,国务院印发的《金融资产管理公司条例》仅对处置不良资产作出程序性规定。在既往判决中,最高人民法院曾认定财政部《金融资产管理公司资产处置公告管理办法(修订)》中的程序性规定仅为管理性强制性规定[①],因此,通道业务并不属于《民法典》第一百五十三条规定的"违反法律、行政法规的强制性规定的民事法律行为无效"的情形。此外,2019 年《全国法院民商事审判工作会议纪要》第 31 条规定:"违反规章一般情况下不影响合同效力,但该规章的内容涉及金融安全、市场秩序、国家宏观政策等公序良俗的,应当认定合同无效。人民法院在认定规章是否涉及公序良俗时,要在考察规范对象基础上,兼顾监管强度、交易安全保护以及社会影响等方面进行慎重考量,并在裁判文书中进行充分说理。"现有的针对资产管理公司通道业务的规定绝大多数是由财政部、银保监会、中国人民银行等部门以部门规章的方式作出的,因此,在不危害金融安全、不破坏市场秩序的前提下,债权转让合同不应当然无效。

根据 2018 年中国人民银行、中国银行保险监督管理委员会、中国证券监督管理委员会、国家外汇管理局《关于规范金融机构资产

---

① 最高人民法院(2018)最高法民终 952 号民事判决书。

管理业务的指导意见》①（简称《资管新规》）第二十二条的规定，金融机构不得为其他金融机构的资产管理产品提供规避投资范围、杠杆约束等监管要求的通道服务。2019年《全国法院民商事审判工作会议纪要》第93条将规避监管要求的通道进一步列举为"利用信托通道掩盖风险，规避资金投向、资产分类、拨备计提和资本占用等监管规定，以及通过信托通道将表内资产虚假出表等信托业务"。应当将其视为当下我国监管领域对通道业务"区别对待"的精神的再次确认。

（二）投资者端通道业务的开展具有积极意义和现实价值

第一，从不良资产的性质角度看，投资者端通道业务的存在具有合理性。

我们应当明确不良资产的市场定位，它不同于金融产品，不是市场正常运行的必需品。甚至以一种柏拉图式的眼光来看，在一个完善且充满信任的市场是不应存在不良资产的。而金融产品的核心在于服务和资金融通，其本质是跨越时空的资源和风险的配置，任何一个社会的正常运行都离不开金融的发光发热。因此，在对不良资产进行管控的同时，也应当意识到其作为一种普通债权，不应当以金融产品的高标准、严要求对其加以规制，而应当在宏观规范交易行为的同时，回归平等主体交易由私法规范这一重要特征，保障当事人合同自由、意思自治的权利，应当充分发挥市场和行业自治的作用，由行业协会等中介机构孕育商事自治规范的产生，打造共建共治共享的社会治理格局。②

第二，投资者端通道业务有助于扩大市场准入范围，积极调动社会资本。

---

① 中国人民银行、中国银行保险监督管理委员会、中国证券监督管理委员会、国家外汇管理局：《关于规范金融机构资产管理业务的指导意见》（银发〔2018〕106号），2018年4月27日发布。

② 参见周林彬《商业行规的规范化及法律适用》，载《浙江工商大学学报》2019年第5期。

第三章 金融不良资产交易中间环节的行规

通道业务之所以会产生并存在,究其原因在于现行法所规定的市场准入范围过于狭小:对投资者,不能满足其投资需求;对金融机构,不利于其及时高效处理不良贷款。截至 2019 年第三季度,我国商业银行不良贷款余额高达 23672 亿元,较年初增加了 2101 亿元,连续 19 个季度保持增长趋势。随着市场的不断扩大,四大金融资产管理公司以及各省、地方资产管理公司面对如此庞大的不良资产余额显得越来越乏力,甚至有些"消化不良"。但是,出于对允许民间投资者直接投资银行不良资产可能造成国有资产流失等情况的顾虑,我国一直对社会资本进入不良资产市场设有较高门槛,且需要接受有关部门的多重监管或审查,损害了交易的时效性。基于这一大环境,"借道"资产管理公司、借助资产管理公司的持牌资格为市场主体提供收购通道,是民间投资者参与国内不良资产市场最有效率的合法方式,有利于积极吸引、动员社会资本,在不危害我国金融安全和市场秩序的前提下,最大限度放活资本市场、调动民间力量,优化我国的整体营商环境。

根据财政部、银监会发布的《金融企业不良资产批量转让管理办法》《金融资产管理公司条例》的规定,金融资产管理公司管理、处置因收购国有银行不良贷款形成的资产,应当按照公开、竞争、择优的原则进行。在不违反禁止转让条款和产业准入政策的情况下,依据公开透明、价值最大化的原则,适度压缩投资者的议价空间以及市场所带来的不确定性,更好地保护国有资产。部分情形下,成交后还须依据国家发展和改革委员会的有关规定办理备案登记,通过程序化规定保障国家金融政策和金融秩序的稳定。

第三,投资者端通道业务有助于提高市场竞争程度,打破四大资产管理公司的垄断地位,提升不良资产处置效率。

经过调研发现,四大资产管理公司利用其垄断地位和资金优势,以及强大的"国家属性",形成了"中间商赚差价"的经营模式,依靠"倒卖"来赚取转让差价和资金占用费用。同时,根据《金融企业不良资产批量转让管理办法》第三条的规定,各省资产管理公司只能参与本省不良资产的批量转让工作,并对购入的资产包采取债务重组的方式进行处置，不得对外转让。在区域、处置方式等方面的受限，使得本就资金无法与国有背景的"国家队"相比的"地方队"在处置端也处于劣势。借助通道业务，地方资产管理公司可以弥补其在资金和资产包处置方向上的不足，增强自身竞争力，缩小与四大资产管理公司之间的差距，促进不良资产市场的发展。

（三）小结

收购通道规则出现在不良资产交易的中间环节，持牌资产管理公司收取通道费用，根据委托人对资产包的选择，参加竞拍并出资向银行等金融机构购买资产包，再将资产包权利转移给委托人。投资者端通道业务本身并不存在法定的无效事由，在双方当事人意思表示真实、不存在其他无效事由的情况下，应予以放开，但要严格禁止金融机构利用信托通道掩盖风险、规避监管规定、将表内资产虚假出表的行为。在满足上述前提条件的背景下，收购通道的存在有其合理性，有助于扩大市场准入范围、积极调动社会资本、提高市场竞争程度，打破四大资产管理公司的垄断地位，最终提升不良资产的处置效率。

五、相关法律和案例

（一）关于合同效力的规定

1.《民法典》：

第一百四十三条 具备下列条件的民事法律行为有效：（一）行为人具有相应的民事行为能力；（二）意思表示真实；（三）不违反法律、行政法规的强制性规定，不违背公序良俗。

第一百五十三条 违反法律、行政法规的强制性规定的民事法律行为无效。但是，该强制性规定不导致该民事法律行为无效的除外。违背公序良俗的民事法律行为无效。

第五百零八条 本编对合同的效力没有规定的，适用本法第一编第六章的有关规定。

2.《最高人民法院关于审理涉及金融不良债权转让案件工作座谈会纪要》：

六、关于不良债权转让合同无效和可撤销事由的认定。……金融资产管理公司转让不良债权存在下列情形的，人民法院应当认定转让合同损害国家利益或社会公共利益或者违反法律、行政法规强制性规定而无效。……（三）与受让人恶意串通转让不良债权的；（四）转让不良债权公告违反《金融资产管理公司资产处置公告管理办法（修订）》规定，对依照公开、公平、公正和竞争、择优原则处置不良资产造成实质性影响的；……（六）根据有关规定应经合法、独立的评估机构评估，但未经评估的；或者金融资产管理公司与评估机构、评估机构与债务人、金融资产管理公司和债务人、以及三方之间恶意串通，低估、漏估不良债权的；（七）根据有关规定应当采取公开招标、拍卖等方式处置，但未公开招标、拍卖的；或者公开招标中的投标人少于三家（不含三家）的；或者以拍卖方式转让不良债权时，未公开选择有资质的拍卖中介机构的；或者未依照《中华人民共和国拍卖法》的规定进行拍卖的；（八）根据有关规定应当向行政主管部门办理相关报批或者备案、登记手续而未办理，且在一审法庭辩论终结前仍未能办理的。

（二）关于通道业务的规定

1.《中国银监会办公厅关于规范金融资产管理公司不良资产收购业务的通知》①：

一、规范开展金融机构不良资产收购业务。（一）资产公司收购银行业金融机构不良资产要严格遵守真实性、洁净性和整体性原则，通过评估或估值程序进行市场公允定价，实现资产和风险的真实、完全转移。不得与转让方在转让合同等正式法律文件之外签订或达成影响资产和风险真实性完全转移的改变交易结构、风险承担主体及相关权益转移过程等的协议或约定，不得设置任何显性或隐性的回购条款，不得违规进行利益输送，不得为银行业金融机构规避资产质量监管提供通道。

---

① 中国银监会办公厅：《中国银监会办公厅关于规范金融资产管理公司不良资产收购业务的通知》（银监办发〔2016〕56号），2016年3月17日发布。

2.《中国银保监会办公厅关于加强地方资产管理公司监督管理工作的通知》：

二、回归本源，专注主业

地方资产管理公司应坚持依法合规、稳健经营，以市场化方式、法治化原则、专业化手段开展不良资产收购处置业务，以防范和化解区域金融风险、维护经济金融秩序、支持实体经济发展为主要经营目标。

（一）地方资产管理公司收购处置的不良资产应当符合真实、有效等条件，通过评估或估值程序进行市场公允定价，实现资产和风险的真实、完全转移。不得与转让方在转让合同等正式法律文件之外签订或达成影响资产和风险真实完全转移的改变交易结构、风险承担主体及相关权益转移过程的协议或约定，不得设置任何显性或隐性的回购条款，不得以任何形式帮助金融企业虚假出表掩盖不良资产。

3.《全国法院民商事审判工作会议纪要》：

93.……在过渡期内，对通道业务中存在的对利用信托通道掩盖风险，规避资金投向、资产分类、拨备计提和资金占用等监管规定，或者通过信托通道将表内资产虚假出表等信托业务，如果不存在其他无效事由，一方以信托目的违法违规为由请求确认无效的，人民法院不予支持。至于委托人和受托人之间的权利义务关系，应当依据信托文件的约定加以确定。

（三）关于提供收购通道规则的司法案例

某综合开发有限责任公司（简称"开发公司"）与某资产管理公司等借款合同纠纷上诉案中，开发公司与中国银行股份有限公司某分行（简称"中行"）多次签订人民币借款合同，共计借款5070万元，借款利率为年利率7.605%。贷款到期后，开发公司拖延支付本金及利息，中行将该债权及担保权利转让给中国华融资产管理公司某办事处（简称"华融公司"），双方在省级媒体刊登债权转让通知暨债务催收公告。随后，华融公司将案涉债权以拍卖方式转让给某投资有限公司，但实际成交价即为华融公司与某投资公司达成的协议价，且程序不符合华融公司拍卖公告公示要求的程序。华融公司与某投资公司未按规定刊登公告并办理备案,后因开发公司怠于支付本金及利息而诉至法院。

本案的争议焦点之一为双方债权转让协议是否无效。一审法院认为,债权转让协议系双方的真实意思表示,并不违反法律、行政法规的强制性规定。虽然本案债权转让程序存有瑕疵,但该瑕疵违反的仅是管理性强制性规定,而非效力性强制性规定,因此,该债权转让协议应为有效协议。

二审最高人民法院认为,海南会议纪要是中央为解决1999年至2000年政策性收购银行不良资产这一特定历史时期内不良债权转让过程中的国有资产流失问题而作出的特殊规定,有其特殊的适用范围;金融不良资产剥离转让虽具有其特殊性,但仍具备普通债权特征,除按照合同性质和当事人约定或法律规定不得转让以外,在不违反法律、行政法规效力性强制性规定的情况下,债权人可以将其合同权利全部或者部分转让给第三人。①

第二节 分期付款规则

分期付款是货物买卖合同的常见付款方式,《民法典》"合同编"和最高院司法解释对此予以规定。不仅仅在货物买卖合同,在不良资产转让合同中,分期付款方式亦发挥着重要作用。不良资产市场规模不断扩大,银行信贷融资时间和资金成本高企,不能满足市场主体短期内较大的资金需求。资产管理公司采用分期付款和分级资金的方式可以降低买方的融资压力,设置优先级资金的模式还可以保障国有资产的安全和金融秩序的稳定。

一、案例引入

投资者A想购买某个不良资产,但流动资金不足,可以与资产

---

① 最高人民法院(2018)最高法民终951号民事判决书。

管理公司约定付款方式，采用分期付款。买受人分期付款，第一笔付款30％，后续的付款期限可以是一年到三年，还可以是变通使用，原来30％的保证金变成分期付款的先期第一笔交易资金。分期付款的总金额由资产包总额加上资金使用费计算得出。

投资者还可以和资产管理公司成立一个有限合伙企业持有资产包，共同处理不良资产。投资者A一方出资30％，资产管理公司占70％。在完成交易之前，双方都会持有份额。只有等投资者把70％的资金还清之后，资产管理公司才把有限合伙企业份额全部转让给投资者A。资产管理公司可把以70％的份额设置成优先级资金，只按约定收取本息，没有超额收益。

《中华人民共和国国民经济和社会发展第十四个五年规划和2035年远景目标纲要》① 提出：守住不发生系统性风险的底线；完善宏观审慎管理体系，保持宏观杠杆率以稳为主、稳中有降。法律没有明确不良资产市场中30％的首付率以及一年到三年的付款期限是否违反相关监管规定，但行业自律规范可以将这种交易方式带来的金融风险控制在一定范围内。

二、相关行规

金融资产管理公司及地方资产管理公司转让资产时，原则上要求受让方一次性付款。

在向客户充分揭示风险的前提下，资产管理公司可以与受让方约定采取分期付款或者分级资金等模式。受让方首期付款不得低于总价款的30％，并在不良资产转让协议生效之日起五个工作日内支付；其余款项应当在转让协议生效之日起三年内支付，并办理合法的担保手续。

资产管理公司不得以收购不良资产名义为企业或项目提供融资。

---

① 第十三届全国人民代表大会：《中华人民共和国国民经济和社会发展第十四个五年规划和2035年远景目标纲要》，2021年3月12日发布。

三、行规释义

分期付款、分级资金的具体实现方式不一而足,总的来说,这是资产管理公司创新交易模式满足受让人的融资需求,使其能够短期获得购买处置不良资产能力的分期付款方式。《金融企业不良资产批量转让管理办法》等文件规定了一次性付款的原则和30%的首期比例。此外,课题组在调研中发现,目前市场中最低的首期资金大多为30%,最长的支付期限为两到三年。如果首期比率过低,支付期限过长将加大资金不能偿付的风险,扩大不良资产的金融风险。付款期限和首期比例为实践所检验,处于合理可控范围。

一次性付款的原则、揭示客户风险、五日内支付首期款的规定延续了相关规范性文件控制金融风险的精神,力争将分期付款的交易模式控制在合理合法的轨道上,推动融资创新的同时又保持交易安全与金融稳定。

四、行规评述

(一) 相关监管规定

对于被监管主体,法不禁止即自由。市场经济是法治经济,对金融行业的监管必须以法律为支撑。市场监管必须坚持合法原则。市场监管行为是一个公法行为,应将违法行为法定作为合法原则的核心内容。为了保证市场监管主体监管行为的合法性,法律还必须对监管权进行必要限制。[1]

公开可查的不良资产融资的监管法律法规并没有明确规定配资及其相关规避行为违法。与资产管理公司配资业务最相关的禁止性规定,出现于近期银保监会发布的《关于加强地方资产管理公司监督管理工作的通知》[2](简称《通知》)中,其中提道:地方资产管理

---

[1] 王卫国、李东方:《经济法学》,中国政法大学出版社2019年版,第191页。
[2] 《关于加强地方资产管理公司监督管理工作的通知》(银保监办发〔2019〕153号),2019年7月5日发布。

公司不得以任何形式帮助金融企业虚假出表掩盖不良资产，不得以收购不良资产的名义为企业或项目提供融资。

（二）分期付款不是非法配资

哪些是《通知》禁止的"以收购不良资产名义为企业或项目提供融资"的行为？从实践中监管部门的处罚案例可见其涵盖的范围。在《通知》发布之前，贵州银保监局对中国长城资产管理股份有限公司贵州省分公司以重组问题企业的名义违规向"四证"不全的商业性地产项目提供融资的违规行为罚款人民币20万元。① 金融监管部门针对此种非法配资行为，予以行政处罚，对资产管理公司进行罚款。在此案例中，禁止资产管理公司提供融资的对象限缩为不良资产债务人企业，禁止的行为是利用处置重组不良资产的名义，违规为相关企业提供融资的行为。金融监管部门很可能根据此种案例中的违法行为，总结出2019年7月份153号文中"不得以收购不良资产名义为企业或项目提供融资"的条文。文义解释上，该条文实际上不是对配资业务的禁止，而是禁止名义上处置不良资产，实际上为项目提供融资的业务。该条文是对没有处置不良资产交易目的而只为满足融资需求的配资业务的禁止。适用对象上，更多的是禁止资产管理公司向债务人项目或者公司提供融资，而不是禁止资产管理公司向买受人即新任债权人提供融资。即使把153号文的适用对象扩大到资产管理公司向买受人提供融资，也是针对虚假收购不良资产并提供配资的行为，不禁止真实处置消化不良资产的配资业务。

从当然解释的角度看，为处置真正不良资产提供分期付款等融资的行为更为合法。不良资产市场的市场参与者大都是深知市场风险与商机的专业人士、专业机构；且每个资产包价格不菲，进入不良资产的市场门槛大大高于股市。在股民众多、金融风险更大的证券市场，

---

① 贵银保监银罚决字〔2019〕3号，2019年3月14日发布。中国银行保险监督管理委员会官方网站：http://www.cbirc.gov.cn/cn/doc/9103/910305/ybjjcf/A7F4649577124831A358CFA18C5B6945.html，访问日期：2019年12月1日。

证券公司融资融券尚且合法①，金融资产管理公司为处置不良资产开展的"场内"配资业务更不应为违法。如果只是简单地因为有风险就禁止，金融监管部门难免有懒政之嫌。

不良资产中的融资行为不应以形式界定合法界限，应探求融资背后的基础交易的目的。法律法规明令禁止的融资行为是脱离不良资产处置为企业或项目提供融资的行为。配资协议、分期付款、分级资金等创新的交易模式都有其合法性，不应一刀切地禁止。

（三）分期付款是各国常见的付款方式

分期付款自第二次世界大战结束后就成为人们进行买卖的重要付款方式，它是信用经济的产物。不少国家（地区）颁布了专门的分期付款法。比如德国早在1804年就颁布了分期付款法，2002年分期付款买卖相关规定被写入《德国民法典》；奥地利、法国、西班牙、日本等国家都有专门的分期付款法；《瑞士债务法》以及我国台湾地区的相关法律对分期付款买卖也有专门规范。② 分期付款方式也出现于我国法律法规、规范性文件中，属于合法合规的付款方式。我国《民法典》第六百三十四条对分期付款买卖作出了明确规定。在不良资产领域，《不良金融资产处置尽职指引》规定确需采取分期付款方式的，可以分期付款。《金融企业不良资产批量转让管理办法》更是规定了首期款项的比率。《金融企业不良资产批量转让管理办法》等相关文件规定，金融机构或者资产管理公司转让资产时，原则上要求一次性付款，确需采取分期付款方式的，可以采用分期付款方式，还对分期付款的首期额度、期限和抵押做了比较详细的规定。

（四）实践中产生的交易模式推动金融创新

分期付款是市场主体在融资难的大环境下做出的理性选择，推动了金融创新。从制度变迁的角度看，国家制定法与民间法的相互沟

---

① 2015年7月1日修订发布的《证券公司融资融券业务管理办法》允许证券公司继续开展场内融资融券业务。

② 参见郝丽燕《〈合同法〉第167条（分期付款买卖）评注》，载《法学家》2019年第5期。

通、相互理解以及在此基础上的妥协和合作将是制度创新的一个重要途径,并且必然是一种渐进式的制度创新。回顾历史,进行改革的人们往往以各种方式规避对他们造成不利后果的法律,这是特定制约条件下的一种理性选择。① 金融创新的基本类型有三种:适应需求变化的金融创新、适应供给变化的金融创新和规避现行监管的金融创新。② 分期付款规则是适应市场上不良资产融资需求、规避现行监管的金融创新。实际上,金融市场的法律规避,大大创新了金融业务模式,为金融市场带来了不竭的生机与活力。

例如,2014年颁布实施的《私募投资基金监督管理暂行办法》③第二条规定,私募基金财产的投资包括买卖股票、股权、债券、期货、期权、基金份额及投资合同约定的其他投资标的。2015年颁布实施的《中国保监会关于设立保险私募基金有关事项的通知》④ 第二项规定,保险资金设立私募基金,投资方向应当是国家重点支持的行业和领域,包括但不限于重大基础设施、棚户区改造、新型城镇化建设等民生工程和国家重大工程等。为建立多层次资本市场,保护投资者利益,维护金融安全,金融监管规定禁止私募基金从事信贷类业务。私募基金为了规避禁止信贷的规定,从物权的权能中抽取了一部分,称为"收益权"。在此创新的交易结构中,收益权总共会被转让两次。首次转让时,收益权流动的方向是从资金使用方流向私募基金,同时,因转让款的支付,资金从私募基金流向资金使用方。在回购转让时,收益权又从私募基金转回到资金使用者,同时需要支付回购款项,资金便从使用方流回到私募基金。此处回购资金通常会比首次转让的资金多出一部分,实践中这一部分资金通常被冠以"资金

---

① 苏力:《法治及其本土资源》,中国政法大学出版社1996年版,第47—61页。
② [美] 弗雷德李克·S. 米什金:《货币金融学》,郑艳文、荆国勇译,中国人民大学出版社2016年版,第200—206页。
③ 中国证券监督管理委员会:《私募投资基金监督管理暂行办法》(中国证券监督管理委员会令第105号),2014年8月21日发布。
④ 中国保监会:《中国保监会关于设立保险私募基金有关事项的通知》(保监发〔2015〕89号),2015年9月10日发布。

占用费""资金使用费"等名目。① 私募基金被称为职权范围内的合法的收益权投资，而非信贷业务。

名义上为投资交易，实质为信贷业务，私募基金规避了金融监管的规定，创新了基金交易的模式，而且这种创新渐渐得到立法和司法的承认。《关于规范金融机构资产管理业务的指导意见》第十条规定，私募产品的投资范围由合同约定，可以投资债权类资产、上市或挂牌交易的股票、未上市企业股权（含债转股）和受（收）益权以及符合法律法规规定的其他资产，并严格遵守投资者适当性管理要求。《全国法院民商事审判工作会议纪要》第89条规定，如果合同约定由转让方或者其指定的第三方在一定期间后以交易本金加上溢价款等固定价款无条件回购的，无论转让方所转让的标的物是否真实存在、是否实际交付或者过户，只要合同不存在法定无效事由，对信托公司提出的由转让方或者其指定的第三方按约定承担责任的诉讼请求，人民法院依法予以支持。《全国法院民商事审判工作会议纪要》从债权的角度确认收益权的法律效力，肯定了创新性收益权作为资产管理业务标的资产的有效性。

分期付款的实质是资产管理公司直接给予买受人一定资金，以此减少中间机构参与的融资成本。有理论研究充分证明，当一个国家经济体系达到均衡状态时，如果金融机构适当增加直接融资业务比重，便能够明显减少社会融资成本消耗，增加企业及社会生产成本积累，进而提高经济增长率。② 分期付款的存在使得不良资产投资者不用通过银行等金融机构进行间接融资，而是直接与资金方通过分期付款合同将富余资金流向资金短缺者。不良资产融资是金融市场创新变革的摇篮，规避行为衍生出了各种新兴交易模式。规模小、认可度低的新交易模式在发展初期需要一定的制度空间，允许规避行为的存在有利于培育新的金融交易模式，在为不良资产行业提供金融支持的同时，也为其他行业的金融创新提供试验平台。

---

① 顾长河：《中国金融领域收益权的立法研究》，载《云南社会科学》2019年第2期。
② 刘伟明：《公司融资资金来源和用途与金融监管穿透问题研究》，载《西南金融》2018年第4期。

五、相关法律和案例

(一) 关于分期付款与融资的规定

1.《不良金融资产处置尽职指引》：

第二十八条 对不良金融资产进行转让的，包括拍卖、竞标、竞价转让和协议转让等方式。……（六）转让资产时，原则上要求一次性付款。确需采取分期付款方式的，应将付款期限、次数等条件作为确定转让对象和价格的因素，在落实有效履约保障措施后，方可向受让人移交部分或全部资产权证。

2.《金融企业不良资产批量转让管理办法》：

第二十条 转让协议生效后，受让资产管理公司应在规定时间内将交易价款划至金融企业指定账户。原则上采取一次性付款方式，确需采取分期付款方式的，应将付款期限和次数等条件作为确定转让对象和价格的因素，首次支付比例不低于全部价款的30%。采取分期付款的，资产权证移交受让资产管理公司前应落实有效履约保障措施。

3.《中国银保监会办公厅关于加强地方资产管理公司监督管理工作的通知》：

二、回归本源，专注主业

地方资产管理公司应坚持依法合规、稳健经营，以市场化方式、法治化原则、专业化手段开展不良资产收购处置业务，以防范和化解区域金融风险、维护经济金融秩序、支持实体经济发展为主要经营目标。

（一）地方资产管理公司收购处置的不良资产应当符合真实、有效等条件，通过评估或估值程序进行市场公允定价，实现资产和风险的真实、完全转移。不得与转让方在转让合同等正式法律文件之外签订或达成影响资产和风险真实完全转移的改变交易结构、风险承担主体及相关权益转移过程的协议或约定，不得设置任何显性或隐性的回购条款，不得以任何形式帮助金融企业虚假出表掩盖不良资产，不得以收购不良资产名义为企业或项目提供融资，不得收购无实际对应资产和无真实交易背景的债权资产，不得向股东或关系人输送非法利益，不得以暴力或其他非法手段进行清收。

（二）关于分期付款的司法案例

在"史某兴与深圳市某资本管理股份有限公司委托理财合同纠纷案"中，2015年5月25日，双方签署资管合同，约定资产管理计划销售目标为不低于1.5亿元，初始销售面值为1元/份，该合同计划份额分为优先级、进取级A、进取级B三类，优先级份额属于低风险级别的计划份额，进取级A份额和B份额属于高风险级别的计划份额，优先级份额与进取级份额的初始配比为2：1，该合同及附件约定：资产管理计划管理人不承诺投资者资产本金不受损失或者取得最低收益；资产管理计划财产投资于债券与上市公司的股票，收益水平也会随之变化，从而产生风险。该案具体涉及以下三个方面的法律问题，即在订立合同方面，被告的资产管理计划是否违规，具体包括其杠杆倍数是否过高、是否存在保本保收益的承诺、合同中是否存在排除原告权利的格式条款等问题。

关于杠杆倍数是否违规及其对合同效力是否产生影响的问题。2014年9月，中国证券监督管理委员会在"资产管理业务座谈会"中提出"八条底线"的监管要求，包括"杠杆率不得超过十倍""不得违规承诺保本保收益"等。在2015年3月中国证券投资基金业协会发布施行的《证券期货经营机构落实资产管理业务"八条底线"禁止行为细则》（简称《资管细则》）中，"分级资产管理计划"被解释为"存在某一级份额为其他级份额提供一定的风险补偿或收益分配保障，在收益分配中获得高于其按份额比例计算的剩余收益的资产管理计划"；《资管细则》将管理份额划分为"优先级份额"与"劣后级份额"两种；《资管细则》第八条规定"分级资产管理计划的杠杆倍数不得超过10倍"。2016年7月18日中国证监会发布施行的《证券期货经营机构私募资产管理业务运作管理暂行规定》明确"中间级份额在计算杠杆倍数时计入优先级份额"，按照该规定的划分，该案中的进取级A份额即应属于中间级份额，在计算杠杆位数时应被视为优先级份额。虽然该案当事人签订合同时该规定尚未出台,但该案中两种杠杆倍数同时存在的情形却是显而易见的,被告试图以份额分级方面的技巧来掩盖其杠杆倍数过高的解释,法院不予采纳,法院认定进取级 B 份额的杠杆倍数已经超出了《资管细则》关于杠杆倍数的限制性要求。

但是,尽管该案进取级 B 份额实际杠杆倍数约为 52.8,违反了中国证券监督管理委员会的监管要求与《资管细则》的规定,但其并不导致该案中原告、被告之间所签订的资管合同无效,因为中国证券监督管理委员会会议提出的"八条底线"监管要求属行政管理要求,而《资管细则》则属于行业自律规则,其对于资产管理行为的调整要求均不能作为影响合同效力的依据。

关于被告是否存在对优先级份额承诺保本保收益及其对合同效力是否产生影响的问题。资管合同中对于优先级份额权益的设定是享受固定收益,承担较低的风险。但承担较低风险并非没有风险,亦不能等同于保本保收益。从该案的实际情况来看,优先级份额最终之所以能够取得 7.3% 的年化收益,是因为优先级份额的风险警戒线并未被突破,优先级份额的权益才未受影响。综合审查原告、被告合同当中关于优先级份额的约定(其合同既针对进取级 B 份额,也包括了优先级份额和进取级 A 份额),结合资产管理计划的实际执行情况来看,不能认定被告针对优先级份额作出了保本保收益的承诺。①

第三节　港澳资金通道规则

在粤港澳大湾区建设中,广东省珠三角地区拥有广阔的不良资产市场,港澳特区具备资金、资产管理经验等优势。如何发挥好两种优势,有序推进大湾区金融市场互联互通,是当前大湾区建设的重要议题。结合近年来金融监管政策的引导,不良资产行业在港澳资金进入

---

① 广东省深圳市前海合作区人民法院(2016)粤 0391 民初 1374 号民事判决书。

内地不良资产市场方面也进行了一些有益的探索。

一、案例引入

2016年12月8日,前海金融资产交易所(简称"前交所")获批试点开展境内银行跨境债权转让业务。① 前交所自主开发了"跨境通"交易系统。该系统与中国银行业信贷资产登记流转中心中央登记库直连,为境内外机构提供非标资产跨境转让服务,主要包括信息发布、交易撮合、资金监管、资产登记、数据统计等居间服务。②

2016年12月22日,国家外汇管理局核准同意前交所申请开展对外转让不良资产业务的备案。③ 2016年12月30日,境外投资者成功摘得该信贷资产包,首单不良贷款债权对外挂牌转让本金合计2340万美元。该笔业务成为全国首单依托交易平台进行的不良资产跨境交易业务,也是国内自贸区首单跨境债权转让。前交所见证了买卖双方签订交易协议及完成资产交割,并代为履行外债登记手续。境外投资者摘得该信贷资产包,以外汇形式汇入转让款。

根据深圳前海金融资产交易所官网的《跨境通》栏目与公告,可知该不良贷款债权为一期名为"首信一期信贷资产包"的产品,转让方为首都银行(中国)有限公司,评估机构为江苏天仁资产评估事务所有限公司,资产包共含6笔不良信贷资产包,债务人均为福建地区的企业,其资产规模为184698200.00元,挂牌价格为161946300.00元,折价率87.68%,按2017年1—5月份的美元兑人民币平均汇率计算,最后成交价即是挂牌价格。

---

① 国厚资产:《不良资产跨境转让交易探析》(《不良资产与特殊机遇行业研报》第43期),载资产界网:http://www.zichanjie.com/article/456372.html,访问日期:2018年9月5日。
② 广东自贸区:《案例六:全国首单依托交易平台实现的不良资产跨境转让项目》,载中国(广东)自由贸易试验区网站:http://ftz.gd.gov.cn/jrkfcx/content/post_918703.html#zhuyao,访问日期:2018年4月20日。
③ 深圳市前海管理局:《全国首单依托交易平台实现的不良资产跨境转让项目》,载深圳市前海深港现代服务业合作区管理局网站:http://qh.sz.gov.cn/sygnan/qhzx/zthd_1/szn/tpxgg/content/post_4383066.html,访问日期:2018年4月27日。

二、相关行规

银行等不良资产转让方以人民币结算不良资产价款。

境外资金可以通过广东金融资产交易中心、前海金融资产交易所等中介机构参与不良资产交易。境外投资者参加境内不良资产交易，必须一次性付清全部价款，签订不良资产转让协议后，必须经中国人民银行备案。

三、行规释义

在调研中，据调研对象反映，目前港澳资金进入境内不良资产行业的案例较少，境内不良资产涉及港澳动产、不动产的不良债权相对较多。其实，广东已有中介机构获得跨境收购不良资产业务通道的批准，通过这类中介机构可以大大减少港澳资本进入内地不良资产行业的时间成本，这种业务的推广也激发了境外投资者的投资热情。正是基于不良资产跨境转让的便利性措施，美国嘉沃基金目前已与广东地区的不良资产服务商德赛资产管理集团签署在粤港澳大湾区不良资产领域共同投资10亿元的意向性合作协议。①

目前，广州金融资产交易中心（简称"广金中心"）、前海金融资产交易所开展了促成外资入境进行交易的业务。不良资产出让方允许外资受让不良资产，但是只能以人民币结算，而且必须一次性付款，不支持分期付款。以广金中心为例，转让方将持有的银行不良资产在广金中心挂牌转让，境外投资者通过广金中心受让银行不良资产，并委托该平台汇出合法处置收益，广金中心为交易方提供信息发布、交易撮合、资产登记、资金存管、监管报备等服务。此项试点的获批得到了国家外汇管理局广东省分局、省金融办、省产权交易集团等有关单位的大力支持。② 2018年5月，国家外汇管理局广东省分局

---

① 安卓：《外资掘金粤港澳大湾区不良资产的机会来了！》，载资产界网：http：//www.zichanjie.com/article/323676.htm，访问日期：2019年12月10日。

② 《广东产权交易所集团：获批不良资产跨境转让试点》，载搜狐网：http：//www.sohu.com/a/237604112_538698，访问日期：2019年12月10日。

批复同意广金中心开展银行不良资产跨境转让试点业务,进一步丰富金融资产跨境交易品种,银行和资产管理公司可将其信贷项下不良资产通过试点交易平台向境外投资者转让。银行不良资产跨境转让试点业务下形成的跨境融资,由试点交易平台按现行外债管理规定代境内实际债务人办理外债签约及变更登记、开立外债专用账户,并办理相关资金首付汇兑等手续。① 境外资金投资不良资产的交易流程如图1所示。

图1 境外资金投资不良资产的交易流程②

四、行规评述

(一) 具备经济性

1. 港澳投资者通过设立外资企业处置不良资产程序冗杂

港澳投资者处置境内不良资产的程序规定特殊且十分繁杂,包括但不限于以下环节:首先,设立处置不良资产的外商投资企业,从严把握其准入门槛,应报请国家商务部批准。其次,转让不良债权的金融机构、资产管理公司要参照《外债管理暂行办法》③的规定,向国家发展和改革委员会以及国家外汇管理局申报并纳入外债管理。最后,境内金融机构应在对外转让不良债权协议签订后的20个工作日内,将对外转让债权有关情况报送国家发展和改革委员会备案(一式三份),同时抄报财政部、银监会。境外资金通过设立外企进行不良资产处置的程序过于复杂,通过中介机构有利于促成交易,提高交易效率,实现投资便利化。

---

① 《千亿不良资产,谁来撬动?》,载FX168财经网:https://news.fx168.com/qiye/1810/2697996.shtml,访问日期:2019年12月10日。
② 图片来自前海交易所网站:https://da.qex.com/cross,访问日期:2019年12月1日。
③ 中华人民共和国国家发展计划委员会、中华人民共和国财政部、中华人民共和国国家外汇管理局:《外债管理暂行办法》(中华人民共和国国家发展计划委员会、中华人民共和国财政部、中华人民共和国国家外汇管理局令第28号),自2003年3月1日起施行。

2. 利用外资处置不良资产提高处置效率

通过交易所等中介机构投资境内不良资产,减少了设立外资企业的审批程序,降低了处置成本,有利于加快境内外资金流动,扩大不良资产的融资渠道,提高不良资产的市场价值,促进金融企业更好地收回不良贷款,提高国有债权的价值。在粤港澳大湾区试行跨境贸易投资便利化措施,有利于引进港澳资金处置不良资产,降低不良资产交易市场化,体现资产的更大价值。

业内人士认为,外资机构将带来更多先进成熟的管理经验和投资经验,有助于提升中国不良资产业务管理水平和处置效率。在竞争更加充分的情况下,也有助于促进本土金融资产管理机构提升行业研究等各方面的能力,从而助其提高竞争力和国际化程度。①

(二)符合相关文件精神

1. 金融机构、资产管理公司对境外转让不良资产合法化

早在 2007 年《国家发展改革委、国家外汇管理局关于规范境内金融机构对外转让不良债权备案管理的通知》② 发布之后,境内金融机构对境外转让不良债权已经是法律规范的合法行为。从当然解释上看,监管纪律严明的商业银行这类金融机构都被允许向境外转让不良资产,那么,处置手段更加灵活、更加市场化的资产管理公司等金融机构更应被允许对境外转让不良资产。

2. 以粤港澳大湾区为试点,港澳资金收购内地金融不良资产是政策所向

中共中央、国务院于 2019 年 2 月印发实施的《粤港澳大湾区发展规划纲要》提出:依托粤港澳良好合作基础,充分发挥深圳前海、广州南沙、珠海横琴等重大合作平台作用,促进人员、物资、

---

① 王恩博:《中国东方:外资投资中国不良资产市场规模将进一步提升》,载中国新闻网:http://www.chinanews.com/cj/2019/07-25/8907199.shtml,访问日期:2019 年 12 月 7 日。

② 国家发展改革委、国家外汇管理局:《国家发展改革委、国家外汇管理局关于规范境内金融机构对外转让不良债权备案管理的通知》(发改外资〔2007〕254 号),2007 年 2 月 1 日发布。

资金、信息便捷有序流动，为粤港澳发展提供新动能，为内地与港澳更紧密合作提供示范。有序推进金融市场互联互通。扩大香港与内地居民和机构进行跨境投资的空间，稳步扩大两地居民投资对方金融产品的渠道。在依法合规前提下，有序推动大湾区内基金、保险等金融产品跨境交易，不断丰富投资产品类别和投资渠道，建立资金和产品互通机制。促进粤港澳大湾区资金有序流动，扩大相互投资空间，是当前和今后一个时期国家政策的引导方向，不良资产市场应当顺势而为。

《国家外汇管理局关于进一步促进跨境贸易投资便利化的通知》[①]第十一项提出：按照风险可控、审慎管理的原则，允许试点地区扩大参与境内信贷资产对外转让业务的主体范围和转让渠道，扩大可对外转让的信贷资产范围，包括银行不良资产和贸易融资等。其中，跨境投资便利化提到的试点地区就包括粤港澳大湾区。

3. 一次性付清全部转让价款符合规范性文件要求

如前所述，境内不良资产受让人原则上一次性付清转让款项，如有需要可采取分期付款方式，但是境外投资者则不适用分期付款。《国家发展改革委、国家外汇管理局关于规范境内金融机构对外转让不良债权备案管理的通知》明确规定，在公开、公正、公平的原则之外，境外投资者必须采取一次性付清全部转让价款形式进行交易。港澳资金由于其投资的特殊性，为了维护境内金融稳定，法律专门限制了合同双方约定付款方式的自由，相关不良资产市场主体应当遵守这个限制。

---

① 国家外汇管理局：《国家外汇管理局关于进一步促进跨境贸易投资便利化的通知》（汇发〔2019〕28号），2019年10月25日发布。

五、相关法律和案例

(一) 关于港澳资金通道的规定

1.《中华人民共和国外商投资法实施条例》①：

第二十二条 外国投资者在中国境内的出资、利润、资本收益、资产处置所得、取得的知识产权许可使用费、依法获得的补偿或者赔偿、清算所得等，可以依法以人民币或者外汇自由汇入、汇出。

2.《中华人民共和国外汇管理条例》②：

第十六条 境外机构、境外个人在境内直接投资，经有关主管部门批准后，应当到外汇管理机关办理登记。境外机构、境外个人在境内从事有价证券或者衍生产品发行、交易，应当遵守国家关于市场准入的规定，并按照国务院外汇管理部门的规定办理登记。

第二十二条 资本项目外汇支出，应当按照国务院外汇管理部门关于付汇与购汇的管理规定，凭有效单证以自有外汇支付或者向经营结汇、售汇业务的金融机构购汇支付。国家规定应当经外汇管理机关批准的，应当在外汇支付前办理批准手续。

第二十三条 资本项目外汇及结汇资金，应当按照有关主管部门及外汇管理机关批准的用途使用。外汇管理机关有权对资本项目外汇及结汇资金使用和账户变动情况进行监督检查。

3.《国家外汇管理局关于进一步促进跨境贸易投资便利化的通知》：

三、扩大资本项目收入支付便利化试点。允许试点地区符合条件的企业将资本金、外债和境外上市等资本项下收入用于境内支付时，无需事前向银行逐笔提供真实性证明材料，其资金使用应当真实合规，并符合现行资本项目收入使用管理规定。

四、放宽资本项目外汇资金结汇使用限制。取消境内资产变现账

---

① 国务院：《中华人民共和国外商投资法实施条例》（中华人民共和国国务院令第723号），自2020年1月1日起施行。

② 国务院：《中华人民共和国外汇管理条例》（中华人民共和国国务院令第193号），2008年8月1日发布。

户资金结汇使用限制。放宽外国投资者保证金使用和结汇限制。外国投资者从境外汇入或从境内划入的保证金,在交易达成后,可直接用于其境内合法出资、境内外支付对价等。取消保证金账户内资金不得结汇的限制,允许交易达成或违约扣款时将保证金直接结汇支付。

六、改革企业外债登记管理。……试点取消非金融企业外债逐笔登记。试点地区非金融企业可按净资产2倍到所在地外汇局办理外债登记,非金融企业可在登记金额内自行借入外债资金,直接在银行办理资金汇出入和结购汇等手续,并按规定办理国际收支申报。

十一、推进境内信贷资产对外转让试点。按照风险可控、审慎管理的原则,允许试点地区扩大参与境内信贷资产对外转让业务的主体范围和转让渠道,扩大可对外转让的信贷资产范围,包括银行不良资产和贸易融资等。

第四节　交易所公告规则

作为促成不良资产交易的中介平台,交易所是不良资产业务的重要参与者,也是受让方获取各类公告和转让方披露的相关信息的关键主体。虽然不良资产普遍具有很高的投资价值,但也天然地表现出债权瑕疵多、权利关系杂、清收难度大、交易风险高的特征,因此,转让方并不乐于披露与不良资产相关的全部信息。根据资产的性质,区分规定交易所公告信息的渠道和披露信息的程度,有利于更好地促成交易,平衡各方利益。

一、案例引入

在"某投资有限公司和某产权交易所拍卖合同仲裁纠纷案"中,申请方在产权交易所公告中"明确披露土地面积将相应减少,但未明确披露该土地不能办理独立的完全产权的国有土地使用证"。仲裁庭认为"转让方、产交所作为产权交易专业服务机构有义务在土地权属、土地交付、土地办证等问题上作明确清晰的瑕疵披露"。正是因为信息披露的不完整让受让方产生重大误解,故转让方与产权交易所承担该重大误解产生的责任。

本案争议的焦点在于:交易所的公告是受让方获取信息的重要来源,在不良资产交易中,交易所公开信息的渠道包括哪些?公告时究竟应对不良债权信息在多大程度上进行披露?

二、相关行规

交易所披露不良资产信息以网站等网络媒介为主。一般不良资产可仅披露不良资产的客观状态及一般明显的瑕疵。国有产权不良资产交易应披露相应瑕疵与风险。

三、行规释义

实践中,不良资产普遍存在债权效力有争议、债权实现有障碍等问题,天然地表现出部分或全部不能回收的风险性和清收的困难性并存的特点。交易所平台是不良资产业务的重要参与者,也是产权交易信息披露的关键主体。交易所一般通过网站、报纸等媒体发布公告,辅之以其他方式,如公众号等。交易所披露的有关不良资产的信息一般以转让方提供的为限,仅涉及资产的基本情况或明显瑕疵;但是,在进行涉及国有产权的不良资产交易时,交易所会突破转让方给定的信息披露范围,不仅披露风险与瑕疵,还会进行规范性审查。

四、行规评述

(一)现行法对交易所公告信息的渠道作了较细致的区分规定,交易所按照此类规定发布公告

第一,一般而言,不良资产交易本质上是一种契约行为,受合同制度制约。因此,由交易所发布的拍卖公告、招标公告、挂牌出让公告、交易达成之后的转让公告等均是向不特定主体发出的以吸引或邀请对方发出要约为目的的意思表示,其法律性质属于要约邀请。因此,除特定性质的、法律法规有特别规定的不良资产类型外,公告的

方式与渠道都遵循意思自治原则，并无其他限制。

这种观点在司法实践中已经得到过肯定。以"某镇人民政府与某咨询投资有限公司等确认合同无效纠纷"一案为例。该案中，法院认为，《金融资产管理公司资产处置公告管理办法（修订）》第二条明确规定"本办法适用范围为经国务院批准成立的中国华融资产管理公司、中国长城资产管理公司、中国东方资产管理公司、中国信达资产管理公司。中国建银投资有限责任公司处置承继的金融资产，以及汇达资产托管有限责任公司处置金融资产时的处置公告，比照本办法执行"。因此，咨询投资公司处置金融债权并不适用该办法。同时，当事人之间的转让债权在北京金融资产交易所网站上发布过相关信息，应当认为已经履行了一定程度的公告程序。

第二，金融企业向金融资产管理公司转让不良资产的，应当遵守《金融企业不良资产批量转让管理办法》第十四条的规定："金融企业可选择招标、竞价、拍卖等公开转让方式，根据不同的转让方式向资产管理公司发出邀请函或进行公告。"

第三，《金融资产管理公司资产处置公告管理办法（修订）》第二条规定的特定几家金融资产管理公司对外处置不良资产的，应当遵守《金融资产管理公司资产处置公告管理办法（修订）》第八条"在形成资产处置方案后，资产处置公告应采取网站公告和报纸公告两种形式……"和第十条"以拍卖、招投标等竞价方式处置资产时，须按相关法律法规的规定进行公告。公告内容可比照上述第六条有关规定"的特别规定。

第四，根据相关法律法规需要进行招标、拍卖的，应当遵守《中华人民共和国招标投标法（2017 修正）》[①]（简称《招标投标法》）、《拍卖法》的有关规定。目前，《招标投标法》第十六条规定："招标人采用公开招标方式的，应当发布招标公告。依法必须进行招标项目的招标公告，应当通过国家指定的报刊、信息网络或者其

[①] 全国人大常委会：《中华人民共和国招标投标法（2017 修正）》（中华人民共和国主席令第 86 号），自 2017 年 12 月 28 日起施行。

他媒介发布。"《拍卖法》第四十七条规定:"拍卖公告应当通过报纸或其他新闻媒介发布。"产权交易所对选择公告渠道留有一定的自由空间。

第五,国有产权交易有明确法定要求的,需严格遵循公告程序。《企业国有资产交易监督管理办法》① 第十三条规定:"产权转让原则上通过产权市场公开进行。转让方可以根据企业实际情况和工作进度安排,采取信息预披露和正式披露相结合的方式,通过产权交易机构网站分阶段对外披露产权转让信息,公开征集受让方。其中,正式披露信息时间不得少于 20 个工作日。因产权转让导致转让标的企业的实际控制权发生转移的,转让方应当在转让行为获批后 10 个工作日内,通过产权交易机构进行信息预披露,时间不得少于 20 个工作日。"第二十九条规定:"产权交易合同生效后,产权交易机构应当将交易结果通过交易机构网站对外公告,公告内容包括交易标的名称、转让标的评估结果、转让底价、交易价格,公告期不少于 5 个工作日。"

《企业国有产权交易操作规则》② 第十六条规定:"企业国有产权转让信息应当在产权交易机构网站和省级以上公开发行的经济或者金融类报刊上进行公告。中央企业产权转让信息由相关产权交易机构在其共同选定的报刊以及各自网站联合公告,并在转让标的企业注册地或者转让标的企业重大资产所在地选择发行覆盖面较大的经济、金融类报刊进行公告。"

上述规定为产权交易所参与不良资产处置提供了基础。产权交易所选择以官方网站、报纸期刊的方式发布公告具备合法性,产权交易所在地对不良资产信息进行披露时须遵循上述规定中提及的法律法规。

---

① 国务院国资委、财政部:《企业国有资产交易监督管理办法》(国务院国资委、财政部令第 32 号),2016 年 6 月 24 日发布。
② 国务院国有资产监督管理委员会:《企业国有产权交易操作规则》(国资发产权〔2009〕120 号),2009 年 6 月 15 日发布。

（二）交易所披露信息的程度一般遵循意思自治原则，以转让方提供的为限，但在存有特别规定，尤其是涉及国有产权时，须严格遵守

第一，交易所的信息披露义务首先来源于转让方的委托，因此至少应达到转让方的披露程度，对资产在基本信息层面进行客观描述。通过产权交易所处置不良资产的，公告信息的内容一般为对资产客观状态的基本描述。

《金融企业不良资产批量转让管理办法》第十四条规定："金融企业可选择招标、竞价、拍卖等公开转让方式，根据不同的转让方式向资产管理公司发出邀请函或进行公告。邀请函或公告内容应包括资产金额、交易基准日、五级分类、资产分布、转让方式、交易对象资格和条件、报价日、邀请或公告日期、有效期限、联系人和联系方式及其他需要说明的问题。通过公开转让方式只产生1个符合条件的意向受让方时，可采取协议转让方式。"第三十条规定："金融企业应在法律法规允许的范围内及时披露资产转让的有关信息，同时充分披露参与不良资产转让关联方的相关信息，提高转让工作的透明度。上市金融企业应严格遵守证券交易所有关信息披露的规定，及时充分披露不良资产成因与处置结果等信息，以强化市场约束机制。"

《金融资产管理公司资产处置公告管理办法（修订）》第六条规定："资产处置公告应至少包括以下内容：（一）资产状态描述，包括资产的名称、种类、所在地、标的金额、数量、涉及的抵押、担保及其他情况等；（二）资产处置的意思表示；（三）提请对资产处置项目征询或异议的意思表示，征询或异议的有效期限；（四）对交易对象资格和交易条件的要求；（五）联系人及联系方式；（六）对排斥、阻挠征询或异议的举报方式；（七）公告发布的日期及有效期限；（八）其他需要说明的情况。"第八条规定："按照本办法属于公告范围内的资产，在形成资产处置方案后，资产处置公告应采取网站公告和报纸公告两种形式：（一）网站公告。拟处置项目（含单项处置和打包处置，下同），除另有规定外，均应在资产公司审核处置方案前，在公司对外网站发布处置公告。其中：——资产处置标的

（即截至公告前最近一个结息日的资产整体账面价值，下同）在1000万元（含）以下的处置项目，只需在公司对外网站发布处置公告，不需进行报纸公告。——网站公告的内容。单个项目的网站公告遵循上述第六条有关规定；打包处置项目除对资产包中每个项目进行公告外，还应在公告中对资产包作总体介绍，披露资产包的户数、金额、资产形态、债务分布地区，投资者向债权人了解债权具体情况的途径和方法等。——资产公司应将网站公告的网页截图打印成纸质文件，存入资产处置档案，作为资产处置方案的附件备查；并将网站公告的电子文档作为系统备份文件无限期保存。（二）报纸公告。对资产处置标的超过1000万元的处置项目，除在公司对外网站发布处置公告外，还应当在相应级别的报纸上进行公告。其中：——资产处置标的在1000万元—5000万元（含）的处置项目，在资产所在地的地市级（含）以上公开发行的经济类或综合类报纸进行公告。资产处置标的超过5000万元的处置项目，在资产所在地的省级（含）以上公开发行的经济类或综合类报纸进行公告。——报纸公告的内容。单个项目的报纸公告遵循上述第六条有关规定；资产包项目的报纸公告可仅公告资产包总体情况，但应在公告中注明'请投资者登录资产公司对外网站查询或与资产公司有关部门接洽查询'等类似字样，以便投资者了解单个项目情况。跨行政区域的资产包原则上应在较其属地高一级公开发行量最大的经济类或综合类报纸上公告。——资产公司应将报纸公告的复印件存入资产处置档案，作为资产处置方案的附件备查。"第十条规定："以拍卖、招投标等竞价方式处置资产时，须按相关法律法规的规定进行公告。公告内容可比照上述第六条有关规定。"

尽管上述法规有意识地对由金融企业和金融资产管理公司处转出的不良资产信息披露范围做出规制、划定了公告信息的范围，但涉及披露义务的规定普遍还停留在较原则性、概括性的程度，如资产金额、分类情况、资产分布等，更多的是对交易程序的细化。此外，上述有关公告信息的规定有明确的适用范围，《金融企业不良资产批量转让管理办法》约束的是向金融资产管理公司转让不良资产的金融企业。《金融资产公司资产处置公告管理办法（修订）》第二条明确规定："本办法适用范围为经国务院批准成立的中国华融资产管理公司、中国长城资产管理公司、中国东方资产管理公司、中国信达资产管理公司。中国建银投资有限责任公司处置承继的金融资产，以及汇达资产托管有限责任公司处置金融资产时的处置公告，比照本办法执行。"对于在这之外，尤其是在后来才成立的地方资产管理公司并无约束力。尽管也有交易所参照《金融资产管理公司资产处置管理办法（修订）》《金融资产管理公司资产处置公告管理办法（修订）》，为其他市场参与主体制定了信息披露的指引（如天津金融资产交易所的《信息披露规则（试行）》①），但交易所也明确了该指引属于建议性质："不良金融资产转让方可根据《资产处置公告管理办法》等法定基本要求为基本准则，并应当结合各类不良金融资产转让项目具体情况和具体特点，制订转让方的不良金融资产信息披露规范。"②除其中援引的法定要求外，指引和建议不属于转让方信息披露的法定义务，亦均不属于对转让方的义务性质的要求，而仅供转让方参考。

实践中，市场中的一般转让方和其委托的交易所仍然是根据双方的意思自治、遵循诚实信用原则履行披露义务。事实上，时至今日，各大交易所的操作规则基本都包含要求转让方提供的资料清单，使得转让方普遍会对前述信息作出初步披露。

第二，国有产权交易中披露信息较为具体，交易所不仅应当披露资产瑕疵信息，还须根据法定要求，承担一定的审查义务，进一步提高披露程度。

《企业国有产权交易操作规则》第十条规定："产权转让公告应当对转让方和转让标的企业基本情况进行披露，包括但不限于：（一）转让方、转让标的及受托会员的名称；（二）转让标的企业性质、成立时间、注册地、所属行业、主营业务、注册资本、职工人数；（三）转让方的企业性质及其在转让标的企业的出资比例；（四）

---

① 天津金融资产交易所：《信息披露规则（试行）》，2016年4月28日发布。
② 天津金融资产交易所：《信息披露规则（试行）》第三章第二十一项。

转让标的企业前十名出资人的名称、出资比例；（五）转让标的企业最近一个年度审计报告和最近一期财务报表中的主要财务指标数据，包括所有者权益、负债、营业收入、净利润等；（六）转让标的（或者转让标的企业）资产评估的备案或者核准情况，资产评估报告中总资产、总负债、净资产的评估值和相对应的审计后账面值；（七）产权转让行为的相关内部决策及批准情况。"

　　以上规定属于对应当披露的资产基本情况的细化。值得注意的是，《企业国有产权交易操作规则》第十三条还规定："转让方应当在产权转让公告中充分披露对产权交易有重大影响的相关信息，包括但不限于：（一）审计报告、评估报告有无保留意见或者重要提示；（二）管理层及其关联方拟参与受让的，应当披露其持有转让标的企业的股权比例、拟参与受让国有产权的人员或者公司名单、拟受让比例等；（三）有限责任公司的其他股东或者中外合资企业的合营他方是否放弃优先购买权。"这意味着在涉及国有产权的不良资产交易中，转让方除了资产的基本信息，还应披露资产的合法性、合规性来源，向受让方展示有关资产的质量瑕疵、权属瑕疵。换言之，交易所除披露资产的客观状态，还应进行规范性审查，主动披露更多信息。

　　一般而言，交易所首先须根据《企业国有产权交易操作规则》第七条"转让方提交的材料符合齐全性要求的，产权交易机构应当予以接收登记"的规定和《企业国有资产交易监督管理办法》第十六条"转让方应当按照要求向产权交易机构提供披露信息内容的纸质文档材料，并对披露内容和所提供材料的真实性、完整性、准确性负责。产权交易机构应当对信息披露的规范性负责"的规定，对转让方所提交的资料进行形式审查。以广州产权交易所为例，该所一般要求转让方提供转让协议，内列详细的转让条款。针对二级市场中的小型公司、个人投资者拟定的条款可能较为粗糙、简单、具体事项不明确、法律责任约定模糊等问题，该所会为转让方提供协议模板，经办后再对填写完毕的协议进行审核，最后交由转让方盖章确定。这种做法充分尊重了协议方的最终决定权，同时保障在此过程中交易所已经尽到合理注意义务，且在最后的公告中予以披露。

在此基础上,产权交易所还负有严格审查义务,须向受让方披露更多相关信息。《企业国有产权交易操作规则》第八条规定了产权交易机构对企业国有产权转让信息公告的审核制度,要求其"对涉及转让标的信息披露的准确性和完整性,交易条件和受让方资格条件设置的公平性与合理性,以及竞价方式的选择等内容进行规范性审核。符合信息公告要求的,产权交易机构应当予以受理,并向转让方出具受理通知书;不符合信息公告要求的,产权交易机构应当将书面审核意见及时告知转让方"。根据该规定,产权交易所应当对转让方所披露的信息是否准确、是否完整进行判断,如在审查中存在过错,则应当为此承担法律责任。

以"某产权交易所与某投资有限公司拍卖合同纠纷案"为例。该案中,交易标的为具有国有产权属性的某公司,所拍卖资产中的某加油站存在权属纠纷,法院已在另案中予以查封,但涉案第三人某市规划局、规划局招待所在上述被查封物未解封的情况下,即委托相关机构对上述资产进行了评估及拍卖。法院审理认为,产权交易所对交易标的的权属争议情况未进行全面严格的审查,"由于产权交易所对拍卖的某公司产权性质以及拍卖上述产权存在的权属瑕疵的情况未能尽到审查职责,导致对某公司的拍卖行为无效,本身存在过错,因此应返还500万元保证金以及赔偿该保证金被占用期间的利息"①。

(三)允许交易所选择以网站为主的各类媒体发布公告信息,并根据资产的性质不同区分披露信息的程度,有其内在合理性

第一,实践中,交易所偏向于选择以网站为代表的渠道公告信息,合乎不良资产行业实践的需要。

不良资产处置具有复杂性、专业性,所涉主体甚广,资产形成时间久,对应的档案资料繁多。现有的公告渠道中,线下公告方式很难达到对不良资产信息进行完整、全面披露的效果。例如,在报纸媒介

---

① 广州市中级人民法院(2010)穗中法民二终字第1167号民事判决书。

上公告，不仅占用版面，亦要求受让人或债务人时时关注报刊，耗用成本较高，很可能造成社会资源的浪费。而且，潜在的受让方对不良资产信息一知半解，最终可能还是需要去到线下的交易场所或是通过网络获取更多文件信息。与之相比，交易所网站上的公告在权威性、稳定性、规范性等方面具备明显的优势，且更加便利受让方及时查询、核实。

实践中，各大交易所在网站、媒体之外，还在不断拓宽公告渠道。《青岛产权交易所信息披露操作指引》[①] 除了在网站之外，第八条还规定产权转让、资产转让可选择在纸质媒体上发布披露信息，并在第九条指定了《青岛日报》《证券日报》两家纸质媒体；天津金融资产交易所《信息披露规则（试行）》第五条规定了不良金融资产转让的信息披露的媒体包括资产公司网站与资产所在地域的地区级或以上级别的报纸；广东金融资产交易中心的信息披露渠道更广，包括但不限于广东金融资产交易中心官网、微信公众号、合作会员单位、合作多媒体平台、省市或全国性的报刊等主流媒体，为资产的公开、公平、透明转让提供了多重保障。

第二，根据资产性质不同区分交易所进行信息披露的程度，一般不良资产交易仅披露最低限度的内容，而国有产权不良资产交易则披露相应瑕疵与风险。这些规定都有其现实意义。

首先，不良资产交易的复杂性决定了交易所一般只能进行规范性审查，难以耗费大量成本来确认信息的真实性、准确性、完整性，因此，披露范围一般仅限于转让方所提供的材料信息。不良资产普遍天然存在瑕疵与风险，许多不良债权时间跨度长、地域分布广，使得相关人员沟通不畅、档案资料不全等问题成为普遍现象；而转让方为了促进交易，往往会对不良资产进行包装，选择性披露瑕疵或风险。在此背景下，要求交易所在转让方的披露范围之外，对真实的资产情况进行调查、确认，则时间、人力、资金等方面的成本过于高昂，不具

---

① 青岛产权交易所：《青岛产权交易所信息披露操作指引》（青交所〔2016〕18号——2021版），2021年8月26日发布。

有可操作性，同时也逾越了交易所"非营利交易中介平台"的功能定位。

其次，不良资产的特性决定了交易所披露的信息一般只需满足最低限度的披露要求，转让方仅按照交易所的规定提供所必需的材料，保证不存在虚假陈述即可。一般民事交易中，当事人并不总是具备专业判断能力，为保障交易公平，转让方需要负担较高的信息披露义务，除告知相对人交易标的的基本情况外，还须根据瑕疵担保原则适当披露瑕疵与风险。但是，不良资产交易不同于一般的民事活动，本质上是对风险和收益的转移，其具备高风险、高收益的特点，这也是不良资产行业保持源源不断的生机活力的根本，因此不应对转让方苛以过高的信息披露义务。正因不良资产存有管理困难、难以清收的风险，才谓之"不良"；也因为这些瑕疵和风险，转让方才会做出低价转让资产的举动。不良资产市场默认受让方都具有必要的专业能力和知识，低价购入不良资产，本就意味着其知晓瑕疵的存在，并因可能从低买高卖的交易中获得巨大利益而表示了默许、认可和接受。而且，转让方眼中的瑕疵与风险可能因为判断失误而并不存在，抑或是可以通过其他方法得到有效解决，此时瑕疵的实际存在与否、对资产价值的影响程度还须交由受让方自己进行判断，转让方对不良资产价值的判断可能并不准确。

最后，对国有产权不良资产，要求交易所在转让方披露的信息范围之外主动进行实质性审查，对披露信息的完整性、准确性负责，符合维护国家利益的需要。我国成立产权交易所的历史动因，就是为了解决国企改革中国有资产流失严重的问题。2003年，国务院国有资产监督管理委员会（简称"国资委"）成立后，曾明令各地的国有产权转让必须进场交易，使国有资产在转让过程中实现了保值、增值。而不良资产在原有价值的基础上低价卖出，若判断不当，容易留下寻租空间，导致国有资产流失。为此，在不良资产交易中，产权交易所还应当承担起对资产信息的真实性、准确性的判断责任，主动进行瑕疵和风险披露。

五、相关法律和案例

（一）关于交易所公告的规定

《民法典》：

第一百四十七条 基于重大误解实施的民事法律行为，行为人有权请求人民法院或者仲裁机构予以撤销。

第一百四十八条 一方以欺诈手段，使对方在违背真实意思的情况下实施的民事法律行为，受欺诈方有权请求人民法院或者仲裁机构予以撤销。

第一百四十九条 第三人实施欺诈行为，使一方在违背真实意思的情况下实施的民事法律行为，对方知道或者应当知道该欺诈行为的，受欺诈方有权请求人民法院或者仲裁机构予以撤销。

（二）关于交易所公告的司法案例

在"某交易所与某投资有限公司拍卖合同纠纷案"中，交易标的为具有国有产权属性的公司，所拍卖资产中的加油站存在权属纠纷，法院已在另案中予以查封，但本案第三人广州市规划局、规划局招待所在上述被查封物未解封的情况下，即委托相关机构对上述资产进行评估及拍卖。法院认为，交易所对交易标的的权属争议情况未进行全面严格的审查，"由于产权交易所对拍卖的公司产权性质以及拍卖上述产权存在权属瑕疵的情况未能尽到审查职责，导致对国有公司的拍卖行为无效，本身存在过错，因此应返还500万元保证金以及赔偿该保证金被占用期间的利息"①。

---

① 广州市中级人民法院民事判决书（2010）穗中法民二终字第1167号。

第三章　金融不良资产交易中间环节的行规

第五节　媒体公告规则

根据我国民法典的规定，债权人转让债权需要通知债务人。由于不良资产包转让时往往债务人数量庞大，司法机关允许在一定范围内使用公告方式代替一对一的通知方式。但这仅仅限于金融资产管理公司受让国有银行债权后，原债权银行在全国或者省级有影响的报纸上发布债权转让公告或通知的情形。对于不良资产交易其他环节的债权转让通知，立法和司法机关并没有作出变通规定。由此，公告对于债权转让成立的影响举足轻重。银行和资产管理公司必须依法通过有公信力和影响力的媒体发布资产转让公告，媒体对不良资产债权的真实性起到了一定的审查作用。那么，相关媒体应要求债权转让双方提交哪些债权转让证明材料，以保证债权转让公告的真实性呢？

一、案例引入

9月26日，某银行与某新公司签订了债权转让合同，约定将其拥有的某特第一公司、某州花园公司的全部债权转让给某新公司。9月30日，某银行在省级媒体刊登了债权转让公告。后某新公司向辽宁高院提交变更申请执行人申请书，申请将原申请执行人银行变更为某新公司。翌年2月28日，辽宁高院依据《最高人民法院关于人民法院执行工作若干问题的规定（试行）》第18条第1款第（2）项之规定，裁定变更某新公司为本案的申请执行人。

最高法院认为，《中华人民共和国合同法》第八十条规定："债权人转让权利的，应当通知债务人。未经通知，该转让对债务人不发生效力。"对于债权转让通知的形式，法律未作明确规定，债权人可自主选择通知形式，但应保证能够让债务人及时、准确地获知债权转让的事实。本案中，银行在媒体刊登债权转让公告，该方式并不能确保债务人及时、准确地获知债权转让的事实。但是，从结果来看，某特第一公司已实际知悉了债权转让的事实,客观上达到了通知的效果。在此情况下,不应以债权人对通知义务不适当履行为由否定债权转让和申请执行人变更的法律效力。若某特第一公司认为债权人的不适当履行损害了其合法权益,可依法通过其他途径救济。①

可见,媒体刊登的债权转让公告对通知债务人起到了补充通知的作用,司法实践中可以作为积极履行通知义务的重要证据。那么,交易双方发布公告需要提供什么资料?相关媒体对其发布的债权公告尽到形式审查还是实质审查义务?未按要求审查的责任是什么?

二、相关行规

通过媒体发布不良资产债权转让公告,应当提供双方身份证明、原始合同、债权转让合同和以其他方式通知债务人的证明。地方金融管理部门或者不良资产社会组织可以设立媒体推荐名单或者不推荐名单(黑名单)。

三、行规释义

通过课题组调研,被访单位普遍表示,报社的广告类、公告类业务被专门从事此种业务的广告公司垄断代理,且每个报社对刊发债权转让公告的审查标准不一,难以达成统一标准。以广州市为例,课题组假设需要此类业务,联系了南方日报、羊城晚报、广州日报三家知名媒体相关人员以及数位广告公司工作人员。课题组得知,当所转让债权为自然人之间的普通借款合同时,需要本人身份证及债权转让合同,对原合同并无要求;当转让债权为法人不良贷款时,需要按规定格式,同时提供合同双方的营业执照复印件、法定代表人身份证原件及复印件、原始合同、债权转让合同,并已通过书面、数据电文等方式履行通知债务人的证明,各份文件均须加盖公章,但对债权的转让次数、每次转让的证明文件并无硬性要求。广告公司表示,其业务范围内的广州市所有刊物,对这些文件的要求相似。

---

① 最高人民法院(2016)最高法执复 48 号执行裁定书。

由此可知，在广州，媒体刊发债权转让公告所需审查资料为：转让人（原债权人）与受让人双方身份证明、原始合同以及债权转让合同。通过网络搜索地方资产管理公司与广东省刊物，即可得出大量转让公告，如《南方日报》电子版刊登的《广东粤财资产管理有限公司与浙江浙萧资产管理有限公司债权转让通知暨债权催收联合公告》等①。

四、行规评述

（一）要求提供身份证明、营业执照以帮助媒体进行主体审查

根据《最高人民法院关于审理涉及金融资产管理公司收购、管理、处置国有银行不良贷款形成的资产的案件适用法律若干问题的规定》（简称《"十二条"司法解释》），金融资产管理公司是指领取中国人民银行颁发的金融机构营业许可证，并向工商行政管理部门依法办理登记的金融机构。我国将适用主体限定在华融、东方、信达、长城四大资产管理公司。其他主体虽可以刊发债权转让公告，但不能产生通知债务人、诉讼时效中断等法律效果。最高人民法院在2019年的"秦皇岛信达资产资讯有限公司、冀中能源井陉矿业集团有限公司企业借贷纠纷再审审查与审判监督案"②中认为，由于国信公司不是金融资产管理公司，故其发布债权转让通知暨债务催收公告的行为，不符合《"十二条"司法解释》第十条的诉讼时效中断的效力溯及至受让原债权银行债权之日规定的适用条件。可见，适用公告通知中断诉讼时效的主体仅限于四大国有金融资产管理公司。

该《"十二条"司法解释》虽已于2021年1月1日废止，但多年来法院认为通知的形式最核心的应当从告知债务人债权转让事实的目的角度来把握，且《最高人民法院对十三届全国人大三次会议第

---

① 参见汪波《广东粤财资产管理有限公司与浙江浙萧资产管理有限公司债权转让通知暨债权催收联合公告》，载南方网：http://epaper.southcn.com/nfdaily/html/2019-09/28/content_7824269.htm，访问日期：2019年9月28日。

② 最高人民法院（2019）最高法民审1655号民事裁定书。

5510号建议的答复》《最高人民法院关于审理涉及金融不良债权转让案件工作座谈会纪要》等文件仍然现行有效，公告通知仍是金融资产管理公司必要的通知方式。媒体通过要求资产管理公司提供营业执照、法定代表人身份证等文件，对发布公告主体的身份进行形式审查，可以查清债权主体，对有可能产生重大法律效力的公告进行严格核实，符合各项指导性文件和司法机关的要求，坚守了官方媒体的权威性和准确性。

（二）媒体对公告内容进行形式审查

不良资产行业有其特殊性，转让债权通常是包含多项内容的集合性资产包，存在涉及债务人众多、债权时间跨度长、地区分布广，交易相关细节档案缺失不全等问题。实践中，银行出售不良资产通常采用组合资产包进行批量转让的方式，通过省级报刊发布债权转让公告，对资产管理公司来说既省时又省力，如不加以审查，资产管理公司极容易以这种方式应付通知债务人的义务。课题组认为，因为公告可能产生通知债务人的法律效果，媒体一定程度上代替债务人审查债权转让材料。该种证明应当包含原债权人的身份证明、受让人的身份证明和债权让与合同三项。此三种文件可以清晰告知债务人，债权人所转让的是何笔债权以及债权的流向，保护债务人的合法权益，同时对受让人伪造债权让与通知损害债权人与债务人利益的行为予以防范。

所谓形式审查是只对证明文件进行审查，查验其是否虚假或者是否有其他不合法的情形；实质审查是指除证明文件外，还需要对资料是否与真实情况相符进行审查。从法律关系上看，媒体与债权转让方之间是平等的合同关系。这一私法关系中，官方媒体并无高于市场主体的监督地位。债权转让双方也不是被监督者。① 从媒体的能力上看，媒体广告的负责部门对合同、主体资格证书进行审核是可行的。但媒体并没有类似司法机关的能力，没有对文字资料与事实是否相符合进行判断的审查技术和审查权力。媒体仅作为发布信息的渠道，这

---

① 参见李轶《论媒体的广告审查义务》，载《传媒》2015年第9期。

一性质决定了其对于债权转让的真实性、完整性无法进行实质性审查，因此，这仅是一种最低限度的形式审查，内容包括债权的真实性及转让状态的审核。

（三）未尽审查义务的媒体责任

目前，我国法律在债权公告中没有明确媒体的责任。但在媒体发布广告方面，《中华人民共和国广告法（2021 修正）》①（简称《广告法》）对包括媒体在内的广告发布者规定了相应的义务和责任，未尽审查义务的媒体需要承担罚款的行政责任。《广告法》第三十四条规定："广告经营者、广告发布者依据法律、行政法规查验有关证明文件，核对广告内容。对内容不符或者证明文件不全的广告，广告经营者不得提供设计、制作、代理服务，广告发布者不得发布。"第六十条规定："违反本法第三十四条规定，广告经营者、广告发布者未按照国家有关规定建立、健全广告业务管理制度的，或者未对广告内容进行核对的，由市场监督管理部门责令改正，可以处五万元以下的罚款。"债权公告虽与广告法中的广告相似，但并不是为了推销商品或者服务而发布信息，因此，媒体不会因发布债权公告未尽审查义务而承担行政责任或者连带民事责任。

虽然目前媒体对未尽公告审查义务无须承担行政责任，但已经有相近行业发布媒体公告指定名单，相关市场主体只能在该范围内的媒体发布公告。例如，拍卖行业的主管部门负责拍卖企业媒体公告的认可工作。《石家庄市商务局关于在我市拍卖行业实行指定媒体公告制度的通知》② 第二项规定："根据目前媒体的影响力及发行量，特指定《燕赵晚报》为辖区内发布拍卖公告的指定新闻媒体。"不良资产行业对于未尽审查义务的媒体可以借鉴拍卖行业的做法，由地方金融管理部门或者不良资产协会负责拍卖企业媒体公告的认可工作，发布指定媒体范围或者媒体"黑名单"，以此敦促媒体恪尽审查义务。

---

① 全国人大常委会：《中华人民共和国广告法（2021 修正）》（中华人民共和国主席令第 81 号），自 2021 年 4 月 29 日起施行。

② 参见李轶《论媒体的广告审查义务》，载《传媒》2015 年第 9 期。

五、相关法律和案例

(一) 关于合同债权转让的法律规定

1.《民法典》：

第五百四十六条 债权人转让债权，未通知债务人的，该转让对债务人不发生效力。债权转让的通知不得撤销，但是经受让人同意的除外。

2. 原《合同法》也有类似规定：

第八十条 债权人转让权利的，应当通知债务人。未经通知，该转让对债务人不发生效力。债权人转让权利的通知不得撤销，但经受让人同意的除外。

(二) 关于资产管理公司以公告方式通知债权转让的规定

1.《金融资产管理公司资产处置公告管理办法（修订）》：

第八条 按照本办法属于公告范围内的资产，在形成资产处置方案后，资产处置公告应采取网站公告和报纸公告两种形式：

（一）网站公告。拟处置项目（含单项处置和打包处置，下同），除另有规定外，均应在资产公司审核处置方案前，在公司对外网站发布处置公告。

（二）报纸公告。对资产处置标的超过1000万元的处置项目，除在公司对外网站发布处置公告外，还应当在相应级别的报纸上进行公告。

2.《金融企业不良资产批量转让管理办法》：

第十九条 发布转让公告。转让债权资产的，金融企业和受让资产管理公司要在约定时间内在全国或者省级有影响的报纸上发布债权转让通知暨债务催收公告，通知债务人和相应的担保人，公告费用由双方承担。双方约定采取其他方式通知债务人的除外。

(三) 关于媒体公告的司法案例

在"广东某投资控股有限公司与陈某某债权转让合同纠纷上诉

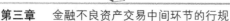

案"中,广东某实业有限公司(简称"实业公司")与广东某银行签订出口退税质押借款合同,约定实业公司向银行借款人民币42万元,银行有权在贷款未到期前,从出口退税专户中划收依本合同约定的实业公司应偿还的借款本金、利息、复利、罚息及所有其他的应付费用。同时约定由陈某某对上述债权提供连带责任保证担保。上述贷款逾期后,某银行多次向实业公司和陈某某送达催/还款通知书(借款人)和催/还款通知书(担保人),陈某某每次均在通知书上加盖私章签收。随后银行将该债权转让给广东某投资控股有限公司(简称"投资公司"),投资公司取代其在上述债权中的债权人地位。后投资公司多次在省级媒体上刊登债权催收公告。10年后因实业公司逾期还款,投资公司遂诉至法院。

一审法院认为,在未证实实业公司、陈某某下落不明的情况下及未曾采取直接邮寄方式向实业公司和陈某某发送催收通知的情况下,在上述报刊上发布催收公告,不能达到中断诉讼时效的效果,故案涉债权已超过法律规定两年的诉讼时效,对投资公司的诉讼请求不予支持。

二审法院认为,投资公司应当在实业公司、陈某某下落不明的情况下才能进行公告主张权利并取得诉讼时效中断的法律效果。但本案中,投资公司在没有采取邮寄等其他方式通知债权人的前提下,直接采用公告的形式,不符合上述司法解释的规定,其并不能取得诉讼时效中断的法律效果。因此驳回上诉,维持原判。①

---

① 广东省茂名市中级人民法院(2017)粤09民终496号民事判决书。

第四章

金融不良资产末端处置环节的行规

本书的第一、第二与第三章分别考察了金融不良资产的转让、受让与中间环节。第四章，也即本章，则考察最后一个环节，金融不良资产的末端处置环节。不良资产的末端处置，常常意味着不良资产走向了执行阶段。通过执行，不良资产的持有者才能实现名为"不良"之资产的价值，将其转化为为投资者带来巨大收益的"优良"资产。

但是，由于不良资产经常性地处于流转之中，当不良资产走到最终的执行程序时，已然经历了复杂的环节。因而在执行程序，乃至更早的诉讼程序中，都可能因不良资产的流转导致实体法或程序法上的权利变动。由于不良资产法律法规的强政策性，权利移转后，可能意味着权利内容而不仅仅是权利主体发生了变动。这就是本章第一节要处理的不良债权的利息计算规则问题，也即不良债权由一类主体移转至另一类主体时，不良债权的利息计算规则是否随之发生改变。同时，不良资产移转也会导致程序法的变动。所谓程序法的变动，主要是指诉讼主体或执行主体的变更。是否允许变更诉讼主体或执行主体？如果允许，又应以何种程序变更？这是第二节关注的内容。本章第三节分析在拍卖失败、财产流拍时，还可以如何实现债权。此时，当事人要以何种程序申请以物抵债，抵扣债务？最后，即使通过拍卖或者以物抵债，债权人成功实现其债权，由谁承担围绕拍卖或以物抵债所生税费的问题仍可能产生纠纷。当事人可否自行约定税费承担？这是本章第四节将回答的问题。

需要注意的是，本章各节行规也存在联系。例如，第一节的利息计算规则与第二节的主体变更规则之间的联系。利息计算因不同类型的主体而异，因此，决定主体变更的规则自然影响利息计算方法的适用。而第三节的以物抵债规则与第四节的税费承担规则亦相关。这是因为担保物流拍后，当事人可能选择以物抵债。此时，亦有分析税费如何承担的必要。而本章行规亦与其他章节所讨论的规则相关。例如，本章第二节的主体变更规则与第二章第四节的债权转让通知规则相关。这是因为主体变更规则的实质，是程序法对实体法权利变动的反应。因而，是否允许程序法的主体变动，亦需要审查实体法的相关规则，其中就包括债权转让规则。总之，无论是对一章内部各规则还

第四章 金融不良资产末端处置环节的行规

是各章间的规则，都应当思考其中的联系。

第一节 债权利息计算规则

利息计算及其管制，各国皆秉承民商区分的范式。一般而言，民法原则要求对民事主体间的借贷施以严格的利息管制。而商事主体则多被认为无须强行法的介入，因而获得更大的自治空间。我国较严格的金融管制模式强化了这种民商区分。例如，金融机构经营许可证制度严格区分了金融机构与非金融机构，唯有取得相应许可才能从事特定业务。在民商区分的范式下，形成了二元的利息管制规范。典型如我国合同法在借贷利息管制上的民商区分。不同于民间借贷，《合同法》第二百零四条专门规定，金融机构贷款的利率"应当按照中国人民银行规定的贷款利率的上下限确定"。而民法典通过后，在文义上，《民法典》第六百八十条似乎取消了合同法所确立的利息管制的民商区分，而作出统一规定："禁止高利放贷，借款的利率不得违反国家有关规定。"但在利息管制的实际运行中，由司法解释、行政法规和政策所构造的民商二元区分仍然存在。作为典型的商业实践，不良资产处置领域的利息计算因存在特殊规则而不受公序良俗、显失公平等民法原则的规制。本节即旨在梳理不良资产领域债权利息计算的特殊规则及其适用范围。

金融不良资产的频繁流转，使得债权主体也处于不断的变动之中。受让人通过受让不良债权成为债权主体后，该如何计算债权利息，是自受让日之后停止计付利息，还是仍可主张债权受让之后的利息？本节规则将对此问题予以明确。

一、案例引入

某市商业银行将其对公司 A 的债权转于某资产管理公司 B。后公司 A 提出破产清算申请，资产管理公司 B 向公司甲破产管理人申报债权。资产管理公司 B 对公司 A 管理人认定的利息金额表示不服,提起本案诉讼。法院认为,《最高人民法院关于审理涉及金融不良债权转让案件工作座谈会纪要》(简称《纪要》)明确规定:"不良债权转让包括金融资产管理公司政策性和商业性不良债权的转让。政策性不良债权,是指1999年、2000年上述四家金融资产管理公司在国家统一安排下,通过再贷款或者财政担保的商业票据形式支付收购成本从中国银行、中国农业银行、中国建设银行、中国工商银行以及国家开发银行收购的不良债权;商业性不良债权,是指2004年至2005年上述四家金融资产管理公司在政府主管部门主导下,从交通银行、中国银行、中国建设银行和中国工商银行收购的不良债权。"资产管理公司 B 从某市商业银行受让案涉不良债权,不属于《纪要》规定的金融资产管理公司政策性和商业性不良债权的转让。因此,不应适用《纪要》关于债权自受让日后停止计付利息的规定。①

本案的争议焦点是:不良债权受让人从《纪要》规定范围外的金融机构受让的债权,是否适用债权自受让日后停止计付利息的规定?

二、相关行规

除另有规定,不良债权受让人可以主张对债权受让之后的全部利息。

三、行规释义

本条属于不完全规范,所谓另有规定,主要是指《最高人民法院关于审理涉及金融不良债权转让案件工作座谈会纪要》(简称《纪要》)。本规范意在说明,《纪要》关于不良债权受让后停止利息计算的规则具有严格的适用范围。在其适用范围之外,不良债权利息应正常计算,不适用债权受让后停止计息的特殊规则。

---

① 广东省高级人民法院(2019)粤民终627号民事判决书。

四、行规评述

在债权转让中,相较于主债权,利息属于不具有严格从属性的从权利。实践中,当事人多不对利息请求权作另外约定,利息请求权作为从权利随主债权的移转而移转。此时,债权的受让人不仅享有主债权,同时也享有持续计算利息的请求权。但在不良资产处置领域,《纪要》曾对债权转让后的利息请求权作特殊规定:"会议认为,受让人向国有企业债务人主张利息的计算基数应以原借款合同本金为准;受让人向国有企业债务人主张不良债权受让日之后发生的利息的,人民法院不予支持。"《纪要》第十二条规定明确了对受让利息停止计算的适用范围:"不良债权转让包括金融资产管理公司政策性和商业性不良债权的转让。政策性不良债权,是指1999年、2000年上述四家金融资产管理公司在国家统一安排下,通过再贷款或者财政担保的商业票据形式支付收购成本从中国银行、中国农业银行、中国建设银行、中国工商银行以及国家开发银行收购的不良债权;商业性不良债权,是指2004年至2005年上述四家金融资产管理公司在政府主管部门主导下,从交通银行、中国银行、中国建设银行和中国工商银行收购的不良债权。"

因此,对四大资产管理公司在1999年和2000年从上述银行收购的政策性不良债权、在2004年和2005年从上述银行收购的商业性不良债权,四大资产管理公司又转让于受让人的,受让人仅可以向国有企业债务人主张计算至债权受让日为止的债权利息。

可见,《纪要》对停止利息所作的规定仅仅适用于所谓政策性不良债权与商业性不良债权。但是,最高院之后所下发的文件,扩大了《纪要》的适用范围,《最高人民法院关于如何理解最高人民法院法发(2009)19号〈会议纪要〉若干问题的请示之答复》[①](简称《2009民二答复》)认为:"根据《纪要》的精神和目的,涉及非国

---

① 最高人民法院:《最高人民法院关于如何理解最高人民法院法发(2009)19号〈会议纪要〉若干问题的请示之答复》([2009]民二他字第21号),2009年9月25日发布。

有企业债务人的金融不良债权转让纠纷案件，亦应参照适用《纪要》的规定。"而最高人民法院《关于非金融机构受让金融不良债权后能否向非国有企业债务人主张全额债权的请示的答复》（简称《2013执行答复》）则规定："非金融机构受让经生效法律文书确定的金融不良债权能否在执行程序中向非国有企业债务人主张受让日后利息的问题，应当参照我院2009年3月30日《最高人民法院关于审理涉及金融不良债权转让案件工作座谈会纪要》（法发[2009] 19号，以下简称《海南座谈会纪要》）的精神处理。"严格意义上说，《2009民二答复》是对云南省高级人民法院就能否在非国有企业债务人的金融不良债权转让纠纷案件中适用《纪要》规定的答复，而《2013执行答复》则是对湖北省高级人民法院就执行程序中能否参照适用《纪要》规定计算债务利息问题进行请示的个案答复，两者均属个案答复，不具有一般效力。但按此二文件的文意，则无论何种债务人身份或者不良债权类型，似都应适用不良债权转让后停止计息的规定。

但是，《纪要》之所以作出停止计息的规定，其本质是特殊时期的政策安排，不宜扩大其适用范围，将之一般化。《纪要》之所以规定政策性不良债权与商业性不良债权转让后停止计算利息，是考虑到四家金融资产管理公司对特定银行通过政策性收购是一种政策安排，服务于降低银行负债率与国有企业改革的宏观目的。因而除此之外，其他不良债权的利息计算则不应当受此特殊限制。显然，停止计息将减少市场投资于不良债权的动力，实不利于不良资产市场的发展。在法理上，亦属于利息管制法律对商事主体的过度干涉。如前所述，在民法原理上，利息作为从权利，可以由当事人自主安排将其移转。在利息管制的民商区分格局下，商事主体基于其相较民事主体更强的理性和风险承担能力，更应允许其自主安排，而不应由国家对利息计算过度介入。

2017年最高人民法院所作的（2016）最高法执监433号执行裁

---

① 最高人民法院：《关于非金融机构受让金融不良债权后能否向非国有企业债务人主张全额债权的请示的答复》（[2013]执他字第4号），2013年11月26日发布。

定书，似乎说明其对《纪要》适用范围的态度发生转变。该裁定书认为："《纪要》是对特定范围内的金融不良债权转让案件确立了特殊的处置规则，对金融不良债权的转让时间及转让主体均有明确限定，应当严格按照其适用范围的规定适用。如果将《纪要》适用范围以外的一般金融不良债权转让案件一律参照适用《纪要》精神，既没有明确的法律及司法文件依据，也与依法平等保护各类民事主体财产权益的司法精神相悖。同时，鉴于一般金融不良债权转让中，最初的债权受让人往往是国有资产管理公司，如一律适用《纪要》止付利息，不仅不利于防止国有资产流失，而且损害合法受让人的利益。"

值得说明的是，在最高法院做出上述裁定后，仍有地方法院在个案中做出了相反的裁判。例如，在"A 公司、B 公司等与 C 有限公司、陆某纠纷案"中，广东省高级人民法院在"涉案债权迟延履行期间债务利息截止日"未处于《纪要》范围的前提下，将"迟延履行期间债务利息的截止时间点"认定为"受让债权时"，从而"纠正"了"执行法院在当事人受让债权后继续计算利息和迟延履行期间债务利息"的"不当做法"。① 本书认为，关于利息计算问题，在最高法院已有相关案例承认《纪要》之外的债权受让可主张债权受让之后利息的情况下，地方法院不应做出相反的裁判，而应遵循"除非在《纪要》适用范围之内，一般金融不良债权转让案件不应适用《纪要》对于债权转让停止利息之计算"的特殊规则，不应不当扩大《纪要》的适用范围。

五、相关法律法规

（一）关于利息计算的一般规定

《民法典》：

第六百八十条　禁止高利放贷，借款的利率不得违反国家有关规定。借款合同对支付利息没有约定的，视为没有利息。借款合同对支

---

① 广东省高级人民法院（2016）粤执复 40 号民事裁定书。

付利息约定不明确，当事人不能达成补充协议的，按照当地或者当事人的交易方式、交易习惯、市场利率等因素确定利息；自然人之间借款的，视为没有利息。

（二）关于不良资产利息计算的规定

《最高人民法院关于审理涉及金融不良债权转让案件工作座谈会纪要》：

九、关于受让人收取利息的问题。会议认为，受让人向国有企业债务人主张利息的计算基数应以原借款合同本金为准；受让人向国有企业债务人主张不良债权受让日之后发生的利息的，人民法院不予支持。但不良债权转让合同被认定无效的，出让人在向受让人返还受让款本金的同时，应当按照中国人民银行规定的同期定期存款利率支付利息。

十二、关于《纪要》的适用范围，会议认为……不良债权转让包括金融资产管理公司政策性和商业性不良债权的转让。政策性不良债权是指1999年、2000年上述四家金融资产管理公司在国家统一安排下通过再贷款或者财政担保的商业票据形式支付收购成本从中国银行、中国农业银行、中国建设银行、中国工商银行以及国家开发银行收购的不良债权；商业性不良债权是指2004年至2005年上述四家金融资产管理公司在政府主管部门主导下从交通银行、中国银行、中国建设银行和中国工商银行收购的不良债权。

第二节　主体变更规则

因为频繁的交易，金融不良资产经常性地处于变动之中。在实体法上，金融不良资产或者作为债权，或者作为物权而转让，从而产生实体法上权利人的变动。在实践中，尤为多见的是债权让与而使债权由让与人流动至受让人。由此产生的问题是，程序法上应如何应对实体法上主体的变更？实体法上因债权让与而产生的主体变更，如何反

第四章 金融不良资产末端处置环节的行规

映于民事诉讼程序中诉讼主体或执行主体的变更？例如，若某甲获得对某乙之胜诉判决与执行书，但将其对某乙的债权让与于某资产管理公司丙。此时，实体法上的债权人应为债权受让人资产管理公司丙，但生效法律文书的执行主体仍是旧债权人某甲。本条规定意在处理此类实体法与程序法主体不一致的问题。

一、案例引入

某资产管理公司与A股份制商业银行于2015年签订不良资产批量转让协议，受让A银行享有的案涉债权，并于次月在《南方日报》发布债权转让通知暨债务催收联合公告。2016年7月，资产管理公司向B市中级人民法院申请变更诉讼主体；同年10月，B市人民法院裁定准许资产管理公司替代A银行作为上诉人参加诉讼，A银行退出诉讼。①

债权的转让往往伴随着诉讼主体变更的问题。但受"当事人恒定"法理的影响，法院对于诉讼当事人的变更十分谨慎，并设置过多要求，不符合金融不良资产行业的实践情况。那么，应当如何规范不良债权转让中当事人的变更？

二、相关行规

债权人转让、处置已经涉及诉讼、执行的不良债权，法院应当根据债权转让协议和转让人或者受让人的申请，裁定变更诉讼或者执行主体。

三、行规释义

在不良债权进入诉讼和执行等程序后，法律上并不禁止争议权利继续发生变动。就某一已进入诉讼或执行程序的不良债权而言，仍然发生数次债权让与而致权利主体多次变动的在实践多中有发生。那么，对于已经进入诉讼或执行程序的不良债权而言，是否后续发生的

---

① 参见广东省东莞市中级人民法院（2017）粤19民终2819号民事判决书。

实体权利变动亦将反映在程序法之上？本条行规指出，不良资产规则对此问题的回答，不同于否定诉讼主体变更的一般民事诉讼法，因而具有独特性。

在不良债权移转后，法院应基于实体权利上的变动而应当事人的申请，裁定程序法的当事人亦有相应的变动，可变更诉讼主体或执行主体。法院亦不应对主体变更施加过于严苛的程序要求。因不良资产经常性地发生移转，当事人难以承受法院对权利移转审查提出的过高要求，诸如要求出示前几手债权转让协议的原件乃至召开听证会要求前手债权人均到场，属于不可能的任务。此类实践，应当废除。

四、行规评述

当事人进入诉讼程序之后，实体法权利可能发生变动，这种权利变动可能基于主体自身变动而生。例如，参与诉讼的自然人的死亡、法人合并分立等；亦可能是权利内容本身不变，但由一个主体移转至另一主体，即权利的移转。这些都需要在程序法上对此种实体法上的变动作出回应。而在不良资产处置领域，常见的是因权利让与而产生的实体权利变动。

（一）关于民事诉讼主体变更的一般规定

实体法上的变动是否将天然地反映于程序法之上，从而产生程序法主体的变更？我国诉讼法的一般原则对此给出否定的答案。2015年发布的《最高人民法院关于适用〈中华人民共和国民事诉讼法〉的解释（2020修正）》① 第二百四十九条第一款规定："在诉讼中，争议的民事权利义务转移的，不影响当事人的诉讼主体资格和诉讼地位。人民法院作出的发生法律效力的判决、裁定对受让人具有拘束力。"第二款规定："受让人申请以无独立请求权的第三人身份参加诉讼的，人民法院可予准许。受让人申请替代当事人承担诉讼的，人民法院可以根据案件的具体情况决定是否准许；不予准许的，可以追

---

① 最高人民法院：《最高人民法院关于适用〈中华人民共和国民事诉讼法〉的解释（2020修正）》（法释〔2020〕20号），自2021年1月1日起施行。

加其为无独立请求权的第三人。"就第二百四十九条第一款而言，我国诉讼法所采者，于理论上称为当事人恒定主义，也即尽管作为诉讼标的的权利义务于实体法上移转至第三人，程序法不发生相应变化，诉讼仍于原当事人之间进行。第三人在程序法上，并不变更为当事人参与诉讼，唯该诉讼的判决对该第三人有拘束力。同时，第二百四十九条第二款又进一步规定，人民法院经受让人申请，可以准许实体法上权利受让人承担诉讼，从而发生程序法上的主体变动。诉讼当事人随着权利义务的移转而发生相应的变更者，于理论上被称为诉讼承继主义。不过，我国法律同时规定了权利受让人作为无独立请求权的第三人参与诉讼则既非当事人恒定主义，又异于诉讼承继主义。

不同于诉讼，在执行领域，现行法仍承认诉讼承继。2016 年出台的《最高人民法院关于民事执行中变更、追加当事人若干问题的规定》① 第一条规定，执行依据中确定的债权受让人可以申请执行或者申请继续已经开始的执行程序。其第九条则规定："申请执行人将生效法律文书确定的债权依法转让给第三人，且书面认可第三人取得该债权，该第三人申请变更、追加其为申请执行人的，人民法院应予支持。"类似的，《最高人民法院关于人民法院执行工作若干问题的规定（试行）》② 第 18 条第（2）款亦规定申请执行人可以是生效法律文书确定的权利承受人。债权受让人作为权利承受人，可以依据生效法律文书径行而成为申请执行人。但是《最高人民法院关于人民法院执行工作若干问题的规定（试行）》第 12 条还规定，对追加、变更被执行主体等重大执行事项应进行审查并发送裁定书。这似乎说明执行人与被执行人的变更程序不同。

（二）关于不良资产诉讼主体变更的规定

金融不良资产领域不同于一般民事程序法，我国法律作出了相对统一的规定。首先，可以肯定的是，无论是诉讼还是执行，不良资产

---

① 最高人民法院：《最高人民法院关于民事执行中变更、追加当事人若干问题的规定》（法释〔2020〕21 号），自 2021 年 1 月 1 日起施行。
② 最高人民法院：《最高人民法院关于人民法院执行工作若干问题的规定（试行）》（法释〔2021〕21 号），自 2021 年 1 月 1 日起施行。

均适用诉讼承继主义,允许变更诉讼和执行主体。现已失效的《最高人民法院关于审理涉及金融资产管理公司收购、管理、处置国有银行不良贷款形成的资产的案件适用法律若干问题的规定》(简称《"十二条"司法解释》)第二条规定:"金融资产管理公司受让国有银行债权后,人民法院对于债权转让前原债权银行已经提起诉讼尚未审结的案件,可以根据原债权银行或者金融资产管理公司的申请将诉讼主体变更为受让债权的金融资产管理公司。"

《最高人民法院关于金融资产管理公司收购、处置银行不良资产有关问题的补充通知》(简称《补充通知》)第三条与《纪要》第十条亦作出相同规范,均规定在金融资产管理公司转让、处置已经涉及诉讼、执行或者破产等程序的不良债权时,人民法院应当根据债权转让协议和转让人或者受让人的申请,裁定变更诉讼或者执行主体。

由此,从"可以"到"应当",诉讼承继主义在不良资产处置领域得到强化。需注意的是,最高人民法院发布《最高人民法院关于废止部分司法解释及相关规范性文件的决定》①,决定于2021年1月1日起废止《"十二条"司法解释》。而《补充通知》和《纪要》仍有效,且在程序主体变更的规则上异于《"十二条"司法解释》。故《补充通知》第三条和《纪要》第一条对诉讼、执行主体变更的规则仍然有效。

总之,在诉讼或执行程序开始后,实体权利主体发生变更的,可以通过变更程序法上主体的主体,使受让人在获得受让的实体权利的同时能够获得相应的程序法上的权利,如强制执行的申请权。中国建设银行股份有限公司锦州分行(简称"锦州分行")在收到生效判决后,将涉案不良债权转让给中国长城资产管理股份有限公司辽宁省分公司(简称"辽宁省分公司"),并向法院申请执行,法院将申请执行人变更为辽宁省分公司。后辽宁省分公司又与A不良资产处置有

---

① 最高人民法院:《最高人民法院关于废止部分司法解释及相关规范性文件的决定》(法释〔2020〕16号),2020年12月29日发布。

限公司（简称"A 公司"）签订债权转让协议，约定 A 公司以 70 万元的价格购买该笔债权，辽宁省分公司将该笔债权转让给 A 公司。辽宁省分公司已全额收取转让价款，合同履行完毕。2021 年 5 月 28 日，辽宁省分公司在《辽宁日报》刊登债权转让公告。申请人 A 公司提供了上述债权转让协议书、处置资产收回款项凭证、报纸刊登债权转让公告等证明材料。法院认为申请人 A 公司已取得债权人的主体地位，符合法律程序。依照《最高人民法院关于民事执行中变更、追加当事人若干问题的规定》第一条、第九条的规定，裁定变更 A 公司为申请执行人。① 另案，复议申请人冯某从某公司 A 处受让不良债权，成为某公司 B 与李某等的债权人。虽然案涉不良债权经多次变动才流转至冯某处，但法院通过审查转让当事人之间签订的资产转让协议书、债权转让确认函、债权转让说明以及报纸刊登债权转让通知暨债务催收联合公告、邮寄送达债权转让通知等证明材料，确认各当事人均对债务人履行了通知义务，认可将案涉债权依法转让给复议申请人。案涉债权于 2017 年 6 月 19 日进入强制执行程序，复议申请人合法受让债权后，于 2020 年 4 月向法院申请变更主体，复议法院认可上述债权转让事宜，裁定变更冯某为申请执行人。②

可见，在不良资产司法实践中，若债权转让协议不存在不得转让的法定事由，且也不存在合同无效的情形，就应认定协议有效。债权人转让债权后通知债务人，债权转让开始对债务人发生效力。本书第二章第四节对债权转让通知规则进行了讨论：转让人或受让人在具备一定资格的媒体上连续刊登的不良资产转让公告可构成债权转让通知，法院在受理转让人或受让人的申请后，可结合债权转让协议书、构成债权转让通知的转让公告等证明材料，裁定将受让人变更为诉讼或执行主体。尽管从理论视角上看，因债务人并不必然知晓权利已发生变动的事实，故须在债权人通知债务人后，债权变动对债务人的效力才开始发生，但是，此为实体法的效力规则，诉讼法并不必然与之

---

① 参见辽宁省锦州市古塔区人民法院（2021）辽 0702 执异 52 号。
② 参见河北省石家庄市中级人民法院（2020）冀 01 执复 403 号。

相同。由此可见，似乎不需通知债务人，即可以完成程序法上的主体变更。但实践中，法官仍然要求当事人提供债权转让公告方可完成程序法上的主体变更。值得注意的是，课题组在调研中发现，部分法院对主体变更提出了严苛的程序要求，法院或者要求当事人提供前几手债权转让协议的原件，乃至要求每一手债权人均参与听证会。这些对当事人过于严苛的要求，不仅意味着法律适用的不统一，亦不利于债权的快速流转。

明确了对不良资产领域诉讼主体变更的特殊规则之后，还须探讨其与一般法的关系。诚然，不良资产特殊规定有悖于2015年发布的《最高人民法院关于适用〈中华人民共和国民事诉讼法〉的解释》。新法优于旧法、特别法优于一般法是一般的法律原则，而不良资产领域的特殊法作为"旧的特别法"，与民诉法解释此"新的一般法"的关系如何？我国立法法对此种"旧的特别法"与"新的一般法"如何适用，未作定论。司法实践中，法院多适用不良资产特别规定，也即优先适用旧的特别法，采用诉讼承继主义，允许诉讼主体经法院裁定后变更，而没有遵循民诉法司法解释的规定。在执行法上，不良资产领域的特殊规定则与执行法的一般规定相近，只明确了执行人变更需要法院裁定。

还需要讨论的是不良资产关于诉讼、执行主体变更规定的适用范围问题。《最高人民法院法发（2009）19号关于〈会议纪要〉若干问题请示的答复》指出，《纪要》所要解决的问题实质上是如何解决和化解计划经济时期形成的历史遗留问题。其主要目的在于规范金融不良债权转让行为，维护企业和社会稳定，防止国有资产流失，保障国家经济安全。根据《纪要》的精神和目的，涉及非国有企业债务人的金融不良债权转让纠纷案件，亦应参照适用《纪要》的规定。因此，非国有企业债务人的金融不良债权转让亦可参照适用《纪要》对诉讼、执行主体变更的规定，但此答复尚不能涵盖《纪要》适用范围的所有疑问。总体来看，为推进不良资产市场发展，应将诉讼主体、执行主体变更规则统一适用。

对此，颇具典型意义的是最高院审理的"A公司与B公司、C公司债权转让合同纠纷二审案"①。此案一审中，某银行将不良债权转让给 A 资产管理公司后，A 资产管理公司又将本案债权转让给 B 资产管理公司。一审法院将本案原告变更为 B 资产管理公司。B 资产管理公司又将债权转让给 D 公司，一审法院作出民事裁定，变更 D 公司为本案原告。而后，D 公司又将债权让与 A 公司，一审法院作出裁定书，变更 A 公司为本案原告。由此，此案一审中，共有 4 次债权让与，法院 3 次变更诉讼主体，其中既包括金融机构向资产管理公司转让债权，又包括资产管理公司向普通投资者转让其所受让的债权以及普通投资者之间的不良债权转让。最高法院在二审中认可了多次且不同类型当事人间的不良债权转让所致的诉讼主体变更，A 公司变更为本案原告合法。此案似可窥见最高院认为诉讼主体变更的诉讼承继主义可普遍适用于不同类型投资者间的债权让与与不同类型的不良债权。不良资产领域的诉讼承继主义适用具有统一性。不过需要注意的是，尽管在主体变更规则上具有普遍适用性，但诉讼费用减半收取、公告通知债务人等规则仅适用于金融资产管理公司处置不良债权的特殊规定。

五、相关法律法规

需要注意的是，不良资产案件中有关诉讼主体资格的异议，不属于管辖权异议，不应适用于民事诉讼法对管辖权异议予以"书面裁定驳回"的规定。相关案例可参见最高人民法院（2012）民二终字第 24 号民事判决书。"某资产公司与某钢铁公司等借款合同纠纷案"中，钢铁公司以不良资产公司不具有主体资格，应由资产公司所在地法院管辖为由提出异议，原审法院口头驳回，后钢铁公司认为未以裁定形式驳回管辖权异议属于程序违法。法院认为，钢铁公司的该项异议"不属于管辖权异议，而是对资产公司办事处是否具有诉讼主体资格的异议"，故不适用管辖权异议的相关规定。

---

① 参见最高人民法院（2014）民四终字第 44 号民事判决书。

(一) 关于民事诉讼主体变更的一般规定

1. 《最高人民法院关于适用〈中华人民共和国民事诉讼法〉的解释》：

第二百四十九条 在诉讼中，争议的民事权利义务转移的，不影响当事人的诉讼主体资格和诉讼地位。人民法院作出的发生法律效力的判决、裁定对受让人具有拘束力。受让人申请以无独立请求权的第三人身份参加诉讼的，人民法院可予准许。受让人申请替代当事人承担诉讼的，人民法院可以根据案件的具体情况决定是否准许；不予准许的，可以追加其为无独立请求权的第三人。

2. 《最高人民法院关于民事执行中变更、追加当事人若干问题的规定》：

第一条 执行过程中，申请执行人或其继承人、权利承受人可以向人民法院申请变更、追加当事人。申请符合法定条件的，人民法院应予支持。

3. 《最高人民法院关于人民法院执行工作若干问题的规定（试行）》：

18. 人民法院受理执行案件应当符合下列条件：（1）申请或移送执行的法律文书已经生效；（2）申请执行人是生效法律文书确定的权利人或其继承人、权利承受人；（3）申请执行人在法定期限内提出申请；（4）申请执行的法律文书有给付内容，且执行标的和被执行人明确；（5）义务人在生效法律文书确定的期限内未履行义务；（6）属于受申请执行的人民法院管辖。人民法院对符合上述条件的申请，应当在七日内予以立案。不符合上述条件之一的，应当在七日内裁定不予受理。

(二) 关于不良资产诉讼主体变更的规定

1. 《最高人民法院关于审理涉及金融资产管理公司收购、管理、处置国有银行不良贷款形成的资产的案件适用法律若干问题的规定》：

第二条 金融资产管理公司受让国有银行债权后，人民法院对于债权转让前原债权银行已经提起诉讼尚未审结的案件,可以根据原债权银行或者金融资产管理公司的申请将诉讼主体变更为受让债权的金融资产管理公司。

2.《最高人民法院关于金融资产管理公司收购、处置银行不良资产有关问题的补充通知》:

三、金融资产管理公司转让、处置已经涉及诉讼、执行或者破产等程序的不良债权时,人民法院应当根据债权转让协议和转让人或者受让人的申请,裁定变更诉讼或者执行主体。

3.《最高人民法院关于审理涉及金融不良债权转让案件工作座谈会纪要》:

十、关于诉讼或执行主体的变更。会议认为,金融资产管理公司转让已经涉及诉讼、执行或者破产等程序的不良债权的,人民法院应当根据债权转让合同以及受让人或者转让人的申请,裁定变更诉讼主体或者执行主体。在不良债权转让合同被认定无效后,金融资产管理公司请求变更受让人为金融资产管理公司以通过诉讼继续追索国有企业债务人的,人民法院应予支持。人民法院裁判金融不良债权转让合同无效后当事人履行相互返还义务时,应从不良债权最终受让人开始逐一与前手相互返还,直至完成第一受让人与金融资产管理公司的相互返还。后手受让人直接对金融资产管理公司主张不良债权转让合同无效并请求赔偿的,人民法院不予支持。

第三节 以物抵债规则

以物抵债是金融不良资产末端处置的方式之一。以物抵债,从时间来看,既可能发生于执行阶段,又可能发生于执行之前;既可能基于双方当事人合意所形成的以物抵债协议,亦可能基于执行人单方面的申请所形成的强制的以物抵债。执行之前的以物抵债,均为当事人合意的以物抵债协议。但以物抵债协议并不限于执行之前,进入执行阶段后，当事人也可订立以物抵债协议，并非只能通过法院的以物抵债裁定。

相较于执行阶段的以物抵债（无论是协议抑或是裁定），执行阶段前的以物抵债协议的合法性因流担保条款的限制，合法性争议较多。在司法实践中，就执行阶段前的以物抵债协议，法院往往以协议达成时间、协议目的、价格是否公允等作为判断标准。《全国法院民商事审判工作会议纪要》（简称《九民纪要》）明确区别了履行期限届满后签订的以物抵债协议和履行期限届满前签订的以物抵债协议两种情形，且仅承认前者的效力。而《民法典》第四百零一条很大程度上继承了《九民纪要》对以物抵债协议的规定，未放开流担保条款限制，而有限承认了履行期限届满后签订的以物抵债协议。但在法解释学上，在当事人明确以预约本约或附条件契约的方式（以债务人不履行债务为停止条件）约定以物抵债协议时，即使以物抵债协议于履行期限届满前签订，也不必然无效。

与之不同，对执行阶段中的以物抵债的合法性争议较少，但在相关规则如何适用上仍有不确定之处。课题组通过调研发现，在金融不良资产末端处置实践中，执行阶段尤其是流拍后的以物抵债更为常见。因此，本节将重点讨论执行阶段中的以物抵债规则，整理现有规则不清晰之处，讨论一次流拍后可否以物抵债、以物抵债裁定的性质和债权人不接受以物抵债的处理等问题，不讨论执行阶段前的以物抵债协议。

一、案例引入

法院在执行过程中将被执行人持有的某公司×股股权进行网络司法拍卖，第一次拍卖因无人报名竞买而流拍，申请执行人申请以此次拍卖保留价×元对上述股权接受以物抵债，以抵偿被执行人所欠申请执行人债权×元，被执行人亦同意按第一次拍卖保留价以物抵债。

问题：当不良债权进入法院执行阶段，执行人在什么情况下可以申请以物抵债？是否会得到法律的支持？

二、相关行规

一次流拍后，执行人可申请以财产抵扣债务。

动产流拍两次、不动产流拍三次并经变卖不成交且申请执行人不愿意以物抵债，财产交付执行人管理或退还被执行人的，执行人仍可申请以拍卖、变卖或以物抵债等方式实现债权。

三、行规释义

本规定关乎以物抵债裁定效力。以物抵债裁定，即依债权人的申请，在无法以拍卖、变卖等方式实现其债权时，以债务人财产冲抵债务。以物抵债裁定，其实质是特殊执行程序，为强制性以物抵债而区别于合意以物抵债。合意以物抵债，建立于当事人之间的以物抵债协议。在不良资产末端处置实践中，债权人为尽快实现债权，常在担保物流拍后签订以物抵债协议。

本行规明确了在一次拍卖流拍之后，执行人即可申请以物抵债，而非在一次拍卖流拍后法院必须组织第二次拍卖。同时，动产流拍两次、不动产流拍三次并经变卖不成交且申请执行人不愿意以物抵债，财产交付执行人管理或退还被执行人的，并不意味着债权人就失去了以此财产实现其债权的可能。债权人仍然可以申请法院重新组织拍卖、变卖，或者运用以物抵债实现债权。

四、行规评述

如上述所言，在金融不良资产末端处置中，进入执行阶段尤其是流拍后的以物抵债是更为常见的实践。何以如此？在课题组的调研中，不良资产实务从业人士对此给出了解释：以物抵债往往需要具有对物的经营能力。而对物的经营，又因不同资产类型而需要细分专业的经营能力。一方面，这些专业经营能力一般不为资产管理公司等不良资产行业"玩家"所具备。另一方面，若执行人在以物抵债后不自行经营，而是另寻买家，则其寻找买家的能力又弱于法院组织的拍卖活动。总之，以物抵债往往非不良资产从业主体的首选，而仅仅是流拍后的备选项。也就是说,在不良资产处置实践中,由于经营能力等限制,债权人并不会在执行阶段前寻求达成以物抵债协议,亦不会在进入执行阶段后,寻求合意以物抵债,也即《最高人民法院关于适用〈中华人民共和国民事诉讼法〉的解释》第四百九十一条所规定的"经申请执行人和被执行人同意,且不损害其他债权人合法权益和社会公共利益的,人民法院可以不经拍卖、变卖,直接将被执行人的财产作价交申请执行人抵偿债务。对剩余债务,被执行人应当继续清偿"。

尽管由于经营能力、组织能力的限制,资产管理公司等不良资产行业从业者不会主动寻求合意以物抵债协议,而多交由法院组织拍卖,但是,当拍卖流拍时,债权人谋求以物抵债的动力会增强。这是因为在经历流拍后,债权人对财产的价值有更清楚的认识。此时,继续进行拍卖可能是只是浪费时间。相较而言,以物抵债则效率更高,债权人可以尽快实现债权。总之,在不良资产处置中,以物抵债并非债权人首选。但由于以物抵债的效率,债权人在流拍后寻求以物抵债的动力得到加强。

(一) 一拍流拍后即可作以物抵债裁定

债权人何时可以申请法院作出以物抵债裁定?结合《最高人民法院关于人民法院民事执行中拍卖、变卖财产的规定(2020修正)》①(简称《拍卖规定》)第十九条、第二十六条、第二十七条与第二十八条的规定可知,至少在动产一拍或二拍流拍后,不动产一拍、二拍与三拍流拍后,执行人或者其他执行债权人均申请或同意以物抵债。例如,A 与 B 银行确认合同无效纠纷案中,A 以房屋作抵押而向 B 银行借款,履行期限届满后 A 未按约偿还。B 银行随后向法院起诉,法院判令 A 偿还借款。后因 A 无力偿还,法院裁定担保物流拍后,用以物抵债的方式抵给 B 银行,即法院裁定当事人之间以物抵债。但是,《最高人民法院关于人民法院网络司法拍卖若干问题

---

① 最高人民法院:《最高人民法院关于人民法院民事执行中拍卖、变卖财产的规定(2020 修正)》(法释〔2020〕21 号),自 2021 年 1 月 1 日起施行。

的规定》①（简称《网拍规定》）第二十六条规定："网络司法拍卖竞价期间无人出价的，本次拍卖流拍。流拍后应当在三十日内在同一网络司法拍卖平台再次拍卖……"这是否说明，至少在网络司法拍卖时，执行人在一拍流拍后不得申请以物抵债？《最高人民法院关于认真做好网络司法拍卖与网络司法变卖衔接工作的通知》② 第二条规定："网拍二拍流拍后，人民法院应当于10日内询问申请执行人或其他执行债权人是否接受以物抵债。不接受以物抵债的，人民法院应当于网拍二拍流拍之日15日内发布网络司法变卖公告。"也即是说，只有在二拍流拍后，方可以物抵债。

从法律适用理论来看，《拍卖规定》第十九条"拍卖时无人竞买或者竞买人的最高应价低于保留价，到场的申请执行人或者其他执行债权人申请或者同意以该次拍卖所定的保留价接受拍卖财产的，应当将该财产交其抵债"的规定允许执行人一拍流拍后即以物抵债。而上述网络司法拍卖的相关规定则似乎说明，基于特别法优于一般法和新法优于旧法的法理适用理论，在网络司法拍卖时，一拍流拍后不得以物抵债而必须进行第二次拍卖。

但是，法律适用理论的前提是基于"同一事项"。网络司法拍卖并未对一拍流拍后的以物抵债作出规定，因而不存在适用同一事项中特别法优于一般法和新法优于旧法的理论前提。正相反，此时依据《网拍规定》第三十七条第三款"本规定对网络司法拍卖行为没有规定的，适用其他有关司法拍卖的规定"，应适用《拍卖规定》第十九条的一拍流拍后允许以物抵债的规定。而《网拍规定》第二十六条关于"流拍后应当在三十日内在同一网络司法拍卖平台再次拍卖"的规定，其实质是关于法院如何组织拍卖的技术性规定，而不在于否定当事人以物抵债的自由。

而从规则实效来看，认为一次流拍后不得以物抵债，是希望第二

---

① 最高人民法院：《最高人民法院关于人民法院网络司法拍卖若干问题的规定》（法释〔2016〕18号），自2017年1月1日起施行。

② 最高人民法院：《最高人民法院关于认真做好网络司法拍卖与网络司法变卖衔接工作的通知》（法明传〔2017〕455号），2017年7月18日发布。

次拍卖可取得更高的成交价，充分实现财产的价值。而在有不止一个债权人的情况中，亦有利于债权人间的公平。但是，第二次拍卖虽然在程序上会经历又一次竞价，确实可能存在实现更高成交价的可能，但此亦仅是可能性而已。实际上，二拍仍然可能流拍，而不必然实现拍卖物价值最大化的期待。正相反，若不允许一拍后即以物抵债，反而会因迟延履行加重债务人负担，不利于其清偿其他债权人之债。

（二）以物抵债裁定的性质：基于与以物抵债协议的比较

上述讨论确定了一拍流拍后，债权人即可申请或者同意债务人以其财产抵债。此种强制抵债之性质如何？以物抵债协议的性质属于民事合同，而以物抵债裁定则是特殊的强制执行方式。因而，下面从法律效果区分以物抵债协议与以物抵债裁定。《九民纪要》强调区别履行期限届满后签订的以物抵债协议和履行期限届满前签订的以物抵债协议两种情形，承认后者的效力。《九民纪要》第44条第1款规定："当事人在债务履行期限届满后达成以物抵债协议，抵债物尚未交付债权人，债权人请求债务人交付的，人民法院要着重审查以物抵债协议是否存在恶意损害第三人合法权益等情形，避免虚假诉讼的发生。经审查，不存在以上情况，且无其他无效事由的，人民法院依法予以支持。"因而，于履行期届满后达成的以物抵债协议具有诺成性。当然，如若当事人对以物抵债协议做特殊约定，规定其性质为要物合同而不具有诺成性，则其效力依抵债物是否已经交付而定。同时，以物抵债裁定则与之不同，以物抵债裁定的效力依照执行行为生效相关规则而定，允许当事人提出异议。

同时，与以物抵债协议不同，以不动产为执行标的的以物抵债裁定可以直接产生物权变动的效力。《拍卖规定》第二十九条规定："动产拍卖成交或者抵债后，其所有权自该动产交付时起转移给买受人或者承受人。不动产、有登记的特定动产或者其他财产权拍卖成交或者抵债后，该不动产、特定动产的所有权、其他财产权自拍卖成交或者抵债裁定送达买受人或者承受人时起转移。"以物抵债协议，无论其标的为动产或不动产，物权效力变动皆因物权法而定。而以动产为标的的以物抵债裁定,亦不径行产生物权变动效力。唯以不动产或特殊动产为标的的以物抵债裁定可以发生物权变动效力,当该裁定送达买受人或承受人时,标的物所有权即发生转移。

再从新债与旧债关系讨论以物抵债协议与以物抵债协议的差别。以担保物抵债,为异于原定给付的给付,也即异于旧债的新债,因而需分析两者的关系。如前所述,以物抵债协议,其功能并不在担保,以物抵债所产生的是新债与原债的关系,而非担保法上的主从债务关系。以物抵债协议的新债旧债关系取决于以物抵债协议本身的性质。以物抵债协议若属于债的更新,则新债成立即宣告旧债的消灭,新债旧债并不共存。相反,若以物抵债协议属于债的变更,则新债与旧债仍有同时存在的可能。债的更新与债的变更取决于当事人的意思:当事人是否有废除原合同、消灭旧债的意思。对以物抵债的新债旧债关系,《九民纪要》规定债权人原则上应当先请求履行新债。若债务人履行新债,则新债旧债一同消灭。若债务人不履行新债,首先,债权人可主张债务人继续履行新债和相应的违约责任。其次,债权人也可主张履行旧债。若债务人履行旧债,则新债旧债亦同时消灭。

而以物抵债裁定则不同,以物抵债裁定下,债权人就以财产抵扣债务的部分,债权人仅可以要求以财产抵债,效果近似于债的更新而非债的变更。这也与前文所言之以物抵债裁定可以直接发生物权变动效力的逻辑是一致的。当然,在不良资产处置的实践中,担保物的流拍即可说明债务人并无履行原有债务的能力,新债的清偿更具有可能性。当事人在以物抵债中对旧债的请求权在很大程度上不具有现实意义。

此外,以物抵债协议与以物抵债裁定都需要审查第三人利益问题。对于以物抵债裁定,执行中自然应主动审查财产权属状况、占有使用情况。例如,上海市高级人民法院发布的《上海市高级人民法院执行局关于进一步规范不动产司法拍卖中有关事项的指导意见》[①]

[①] 上海市高级人民法院:《上海市高级人民法院执行局关于进一步规范不动产司法拍卖中有关事项的指导意见》(沪高法〔2019〕25号),2019年1月7日发布。

对关于案外人占有不动产的处理规定:当法院作出以物抵债的裁定时,应允许案外人于以物抵债裁定到达接受抵债的申请执行人之前提出异议,并以异议之诉的程序审查之,并依据案外人所有的权利,或者在拍卖、变卖不动产时应负担租赁权进行变价,或者不进行拍卖、变卖。

而法院亦应审查以物抵债协议是否损害第三人利益。《九民纪要》规定人民法院应审查以物抵债协议是否有恶意损害第三人利益的行为。"阮某与某银行、黄某债权转让合同纠纷案"可供说明。阮某从黄某处受让某银行的不良债权,成为某公司的债权人,后与某公司签订以物抵债协议,虽有涉第三人利益,但法院在确认协议不损害第三人权益的情况下,确定该协议有效。① 因而债权人与被执行人在签订以物抵债协议前,也应该对所涉的财产进行充分的了解、调查,以免不必要之损失。

(三) 债权人拒绝接受以物抵债裁定的法律后果

最后还需要讨论债权人拒绝接受以物抵债裁定的法律后果。《拍卖规定》第二十七条规定:"对于第二次拍卖仍流拍的动产,人民法院可以依照本规定第十九条的规定将其作价交申请执行人或者其他执行债权人抵债。申请执行人或者其他执行债权人拒绝接受或者依法不能交付其抵债的,人民法院应当解除查封、扣押,并将该动产退还被执行人。"而第二十八条规定:"第三次拍卖流拍且申请执行人或者其他执行债权人拒绝接受或者依法不能接受该不动产或者其他财产权抵债的,人民法院应当于第三次拍卖终结之日起七日内发出变卖公告。自公告之日起六十日内没有买受人愿意以第三次拍卖的保留价买受该财产,且申请执行人、其他执行债权人仍不表示接受该财产抵债的,应当解除查封、冻结,将该财产退还被执行人,但对该财产可以采取其他执行措施的除外。"

课题组在调研中,发现对第二十七条与第二十八条存在这样一种理解,即动产流拍两次、不动产流拍三次并经变卖不成交且申请执行

---

① 清远市清城区人民法院 (2019) 粤 1802 民初 8922 号民事判决书。

第四章　金融不良资产末端处置环节的行规

人不愿意以物抵债，则财产必须退还于被执行人。如前所述，在流拍后，债权人接受以物抵债的意愿增强了，其原因在于当事人于财产流拍后，希望能尽快实现其债权，而以物抵债具有效率优势。调研组还发现，基于对第二十七条与第二十八条的理解，流拍后选择以物抵债还在于必须退还被执行人这一负面压力。相较于退还被执行人而失去实现债权的机会，以物抵债显然是债权人的更优选择。课题组认为，这属于对法律之错误理解。

从一般法理上说，除非个人破产等特殊情况，债务人以其全部责任财产对其债务承担无限责任。因此，对于债务人来说"动产流拍两次、不动产流拍三次并经变卖不成交且申请执行人不愿意以物抵债"的这类财产，仍属于其责任财产，应对债务承担责任。执行程序的目的在于使得申请执行人的实体权利得到实现。在申请执行人的权利获得满足之前，没有理由因执行程序遇到阻碍而否定执行人权利的理由。因此，《拍卖规定》第二十七条、二十八条的规定并不意味着因"动产流拍两次、不动产流拍三次并经变卖不成交且申请执行人不愿意以物抵债"，债权人便不可能实现其债权。相反，应当将其理解为法院于此时拥有自由裁量权。例如，《最高人民法院关于适用〈中华人民共和国民事诉讼法〉的解释》第四百九十二条规定："被执行人的财产无法拍卖或者变卖的，经申请执行人同意，且不损害其他债权人合法权益和社会公共利益的，人民法院可以将该项财产作价后交付申请执行人抵偿债务，或者交付申请执行人管理；申请执行人拒绝接收或者管理的，退回被执行人。"因此，在"动产流拍两次、不动产流拍三次并经变卖不成交且申请执行人不愿意以物抵债"后，法院或者可以将财产交付申请执行人管理，或可将该财产退还被执行人。同时，在财产交付申请执行人管理或退还被执行人之后，法院仍可依其自由裁量，以拍卖、变卖或以物抵债的方式实现执行人的权利。例如，《最高人民法院执行局关于"转变执行作风、规范执行行为"专项活动中若干问题的解答》① 第 7 条明确 "不动产经三次拍卖流拍，不能依法变卖或以物抵债的，执行法院可以根据市场价格变化，重新启动（评估）拍卖程序"。

五、相关法律法规

（一）关于不良资产流拍后以物抵债的规定

1.《最高人民法院关于人民法院网络司法拍卖若干问题的规定》：

第二十六条　网络司法拍卖竞价期间无人出价的，本次拍卖流拍。流拍后应当在三十日内在同一网络司法拍卖平台再次拍卖，拍卖动产的应当在拍卖七日前公告；拍卖不动产或者其他财产权的应当在拍卖十五日前公告。再次拍卖的起拍价降价幅度不得超过前次起拍价的百分之二十。

2.《最高人民法院关于认真做好网络司法拍卖与网络司法变卖衔接工作的通知》：

二、网拍二拍流拍后，人民法院应当于 10 日内询问申请执行人或其他执行债权人是否接受以物抵债。不接受以物抵债的，人民法院应当于网拍二拍流拍之日 15 日内发布网络司法变卖公告。

3.《全国法院民商事审判工作会议纪要》：

44. 当事人在债务履行期限届满后达成以物抵债协议，抵债物尚未交付债权人，债权人请求债务人交付的，人民法院要着重审查以物抵债协议是否存在恶意损害第三人合法权益等情形，避免虚假诉讼的发生。经审查，不存在以上情况，且无其他无效事由的，人民法院依法予以支持。

4.《最高人民法院关于人民法院民事执行中拍卖、变卖财产的规定》：

第十九条　拍卖时无人竞买或者竞买人的最高应价低于保留价，

---

① 最高人民法院：《最高人民法院执行局关于"转变执行作风、规范执行行为"专项活动中若干问题的解答》，2014 年 11 月 19 日发布。

到场的申请执行人或者其他执行债权人申请或者同意以该次拍卖所定的保留价接受拍卖财产的，应当将该财产交其抵债。

（二）关于债权人拒绝接受以物抵债裁定的法律后果的规定

1.《最高人民法院关于人民法院民事执行中拍卖、变卖财产的规定》：

第二十七条　对于第二次拍卖仍流拍的动产，人民法院可以依照本规定第十九条的规定将其作价交申请执行人或者其他执行债权人抵债。申请执行人或者其他执行债权人拒绝接受或者依法不能交付其抵债的，人民法院应当解除查封、扣押，并将该动产退还被执行人。

第二十八条　……第三次拍卖流拍且申请执行人或者其他执行债权人拒绝接受或者依法不能接受该不动产或者其他财产权抵债的，人民法院应当于第三次拍卖终结之日起七日内发出变卖公告。自公告之日起六十日内没有买受人愿意以第三次拍卖的保留价买受该财产，且申请执行人、其他执行债权人仍不表示接受该财产抵债的，应当解除查封、冻结，将该财产退还被执行人，但对该财产可以采取其他执行措施的除外。

第二十九条　动产拍卖成交或者抵债后，其所有权自该动产交付时起转移给买受人或者承受人。不动产、有登记的特定动产或者其他财产权拍卖成交或者抵债后，该不动产、特定动产的所有权、其他财产权自拍卖成交或者抵债裁定送达买受人或者承受人时起转移。

2.《最高人民法院关于适用〈中华人民共和国民事诉讼法〉的解释》：

第四百九十一条　经申请执行人和被执行人同意，且不损害其他债权人合法权益和社会公共利益的，人民法院可以不经拍卖、变卖，直接将被执行人的财产作价交申请执行人抵偿债务。对剩余债务，被执行人应当继续清偿。

第四百九十二条　被执行人的财产无法拍卖或者变卖的，经申请执行人同意，且不损害其他债权人合法权益和社会公共利益的，人民法院可以将该项财产作价后交付申请执行人抵偿债务，或者交付申请执行人管理；申请执行人拒绝接收或者管理的，退回被执行人。

第四节 税费承担规则

拍卖、变卖是常见的不良资产处置方式。一个典型的实践是拍卖公告中明确由买受人承担转让或者过户过程中产生的一切税费。此类条款同时涉及作为公法的税法与作为私法的民商法，其效力如何？在习惯上，此类约定税法上的纳税义务人不实际承担交易所生的税款，而由另一方承担部分或全部税款的条款，被称为包税条款者。包税条款的效力问题，非不良资产处置所特有。在丰富的商业实践中，凡涉及各类司法拍卖、民商事拍卖者，都广泛运用包税条款。

还需要考察的是，因担保物流拍或者变卖不成，双方当事人达成以物抵债协议时，税费如何承担的问题。以物抵债乃流拍后当事人的选择，因而存在一个前后衔接的问题，也即流拍后签订的以物抵债协定，是否受此前针对拍卖的包税条款的拘束？如果不适用，以物抵债中的税费承担又应如何操作？

需要意识到的是，不同的税费承担约定，会对当事人的实际利益产生实际影响。假设交易双方为完全理性人且信息对称，则无论由买受人（在以物抵债的情形下，则是债权人）还是被执行人承担税费，都不影响成交价格或利益的分配。若各负各税，则买受人将给出较高的价格（在以物抵债的情形下，则是债权人同意抵扣较高额的债务），最终交易将以一个较高的价格成交；若由买受人承担税费，则买受人会将其所需额外承担的税费纳入考虑范围，最终买受人会给出较低的价格（在以物抵债的情形下，则是债权人仅同意抵扣较低额的债务）。

若买受人（或债权人）对需要承担哪些税费并不完全清楚，拍卖时给出过高的价格，则拍卖成功后，在需要承担税费时难免会"后悔"。此时，税费承担约定的效力就直接影响当事人之间的利益分配。尤其是在实践中,部分包税条款除了要求买受人承担因拍卖所产生的费用,还要求买受人一并承担拍卖前所产生的被执行人历史欠缴税费。这意味着买受人实际上难以厘清成本,交易不确定性大大提升。课题组在调研中发现的一个极端的以物抵债案例即可说明此点。此案中,债权人接受以物抵债,用以抵扣 3000 万债务。但债权人却并不清楚实际需要承担的税费。其结果是债权人因包税条款的存在,不得不承担 2000 万的税费,付出较大的代价。

此外,买受人承担税费与否还影响债权人受偿。如果不由买受人承担而各税各负,被执行人多无力承担,则债权人只能分得更小的"蛋糕"——拍卖收入会先被征收税款,从而减少了债权人的受偿。例如,《国家税务总局关于人民法院强制执行被执行人财产有关税收问题的复函》[①] 第四条规定:"鉴于人民法院实际控制纳税人因强制执行活动而被拍卖、变卖财产的收入,根据《中华人民共和国税收征收管理法》第五条的规定,人民法院应当协助税务机关依法优先从该收入中征收税款。"

税费承担约定直接影响当事人利益。而在司法实践中,法院或认为包税条款无效,或承认包税条款的效力。而在承认包税条款的司法裁判中,又存在不同的裁判路径。是否应当承认包税条款的效力?又应当如何论证包税条款的效力?此为本节所欲讨论的问题。

一、案例引入

执行人某资产管理公司拍卖被执行人房产,法院于公拍网上公示拍卖公告,该公告记载:所涉及的应由原权利人、涉案当事人及买受人需承担的一切税收和费用[包括但不限于增值税及附加、土地增值税、契税、印花税、交易手续费、权证工本费、个人(企业)所得税、房产税和其他相关费用,以相关部门最终核定为准]全部由买受人承担。拍卖成交后,买受人对由其承担全部税费的拍卖执行措

[①] 国家税务总局:《国家税务总局关于人民法院强制执行被执行人财产有关税收问题的复函》(国税函〔2005〕869 号),2005 年 9 月 12 日发布。

施提出异议。法院认为,税负法定并不意味税费承担主体的专属性,也不意味着交易主体无权对税费承担主体重新约定,法院在拍卖中根据法律原则和案件实际情况确定相关税费由买受人承担于法不悖。①

本案的争议焦点在于:在金融不良资产司法拍卖中,当事人是否可以对税费承担的主体进行约定?应当在什么阶段约定?

二、相关行规

因不良资产司法拍卖所产生的税费,当事人可以约定税费承担主体,但相关约定仅可于拍卖公告中做出。

拍卖公告中的税费约定,适用于流拍后的以物抵债程序。

三、行规释义

所谓"包税条款",或者"税费转移承担条款"意味着形式纳税义务人与实质承担人之间的分离。依据税收法定原则,任何税法都必须明确规定纳税义务人。一般来说,形式纳税义务人也往往实际承担税费。但不良资产司法拍卖中,当事人常常约定交易所生的税费由协议某一方全部承担。由此,对于一方承担本应由另一方作为纳税义务人承担的税费时,则出现了纳税义务人与实际承担人分离的问题。

尽管相关规定至少从文意解读上否定了包税条款的效力,禁止纳税义务人与实际承担人分离,但在司法实践中,法官通过灵活的解释,给予了司法拍卖包税条款约定效力的有限认可。一方面,当事人可以对税费承担做出约定;另一方面,这种约定仅仅能于拍卖公告中做出,故是有限的承认。需要注意的是,此条款仅仅适用于以执行为目的的强制性司法拍卖,而不适用于非强制性的民商事拍卖。

同时,在流拍后,申请执行人接受以物抵债,其法律地位即相当于买受人一方,同样会产生税费承担问题。那么,拍卖公告中的税费约定条款是否适用于以物抵债中?为避免套利,债权人以物抵债不应获得司法拍卖中潜在买受人更优的条件。以此实现以物抵债抑或拍卖

---

① 上海市高级人民法院(2020)沪执复 51 号民事裁定书。

所形成的价格在实质上是一致的。

四、行规评述

如何理解包税条款？包税条款涉及三方主体，作为债权人的纳税机关、作为债务人的纳税义务人与作为第三人的实际承担人。包税条款是债务人与第三人约定履行债务人对债权人的义务。第三人向债权人履行债务，而债务人债务消灭的构造，于民法教义上可能是债务承担或履行承担。所谓债务承担，是指债权债务关系发生变化，即：或者债务人变为第三人，承担人负清偿义务而原债务人不再承担债务，被称为免责的债务承担；或者债务人和第三人同时作为债务人，被称为并存的债务承担。免责的债务承担与并存的债务承担的相关规定分别在《民法典》第五百五十一条和第五百五十二条。所谓履行承担，则指并不发生债权债务义务的变更，第三人与债务人仅仅约定由第三人代为履行债务。履行承担与债务承担的差别在于，在履行承担中，由于第三人并没有成为债务人，债权人因而对第三人之履行不存在请求权。而在债务承担中，无论是免责的债务承担还是并存的债务承担，债权人都对第三人享有请求权。同时，履行承担必然不要求债权人的同意。除非债务履行具有专属性，否则债权人不得拒绝第三人的履行。

显然，包税条款仅仅可能作为履行承担而不可能是债务承担。依税收法定原则，税务机关与纳税义务人之间的债权债务关系不能变更。税收法定决定了第三人无法取代原债务人，或者与原债务人构成并存的债务负担。一切税费由买受人承担的约定仅仅构成履行承担，税务机关仅能向纳税义务人而不是买受人请求税费履行。同时，由于税费属于金钱之债，不具有特殊性，税务机关应当接受买受人代为缴纳的履行行为。因此，仅仅基于民法法理的推演，包税条款的效力应当被承认。显然，民法法理演绎并非制度设计唯一需要考察的因素，相关规定基于税收秩序控制、便于计算等原因否定了包税条款的效力。

(一) 包税条款的否定性规定

国家税务总局《对十三届全国人大三次会议第 8471 号建议的答复》① 指出,"我局和最高人民法院赞同您关于税费承担方面的建议,最高人民法院将进一步向各级法院提出工作要求:一是要求各级法院尽最大可能完善拍卖公告内容,充分、全面向买受人披露标的物瑕疵等各方面情况,包括以显著提示方式明确税费的种类、税率、金额等;二是要求各级法院严格落实司法解释关于税费依法由相应主体承担的规定,严格禁止在拍卖公告中要求买受人概括承担全部税费,以提升拍卖实效,更好地维护各方当事人合法权益"。因此,可以肯定的是,国家税务总局至少在法院拍卖公告中否定了买受人概括承担全部税费的包税条款的效力,但是其效力范围似乎并不确定。

《网拍规定》第三十条规定:"因网络司法拍卖本身形成的税费,应当依照相关法律、行政法规的规定,由相应主体承担;没有规定或者规定不明的,人民法院可以根据法律原则和案件实际情况确定税费承担的相关主体、数额。"江苏省高级人民法院(简称"江苏省高院")亦在《江苏省高级人民法院关于正确适用〈最高人民法院关于人民法院网络司法拍卖若干问题的规定〉若干问题的通知》② 中规定:"因网络司法拍卖产生的税费,应当依照相关法律、行政法规的规定,由相应主体承担。在法律、行政法规对税费负担主体有明确规定的情况下,人民法院不得在拍卖公告中规定一律由买受人承担。"江苏省高院的规定,与前述国家税务总局《对十三届全国人大三次会议第 8471 号建议的答复》一致,均规定法院不得在拍卖公告中规定一律由买受人承担税费。总之,在包税条款的效力上,至少从文义解释上看,明确限制在司法拍卖的拍卖公告中规定包税条款,而是要求各负各税。

---

① 国家税务总局:《对十三届全国人大三次会议第 8471 号建议的答复》,2020 年 9 月 2 日发布。

② 江苏省高级人民法院:《江苏省高级人民法院关于正确适用〈最高人民法院关于人民法院网络司法拍卖若干问题的规定〉若干问题的通知》(苏高法电〔2017〕217 号),2017 年 4 月 6 日发布。

第四章　金融不良资产末端处置环节的行规

由此产生的第一个疑问是，在司法拍卖以外的一般民商事拍卖中，拍卖公告效力如何？法院拍卖既包括以执行判决为目的而进行的强制性司法拍卖，也包括非强制性的民商事拍卖。两类拍卖均有拍卖公告。而上述最高院、江苏省高院的规定与国家税务总局的答复，均指向强制性司法拍卖。因此，禁止拍卖公告对税费承担作出买受人概括承担的规定，仅适用于司法强制拍卖而不适用于非强制性的民商事拍卖公告。例如，在 A 公司与 B 公司对外追收债权纠纷一案中，最高人民法院认为"本案拍卖财产系 B 公司破产程序中需要依法处分的财产，法院是依据债权人请求对外进行的委托，不是人民法院强制处分财产的行为，原审判决认定案涉拍卖并非司法强制拍卖，并无不当"①。因而，在区分了破产财产网络拍卖与网络司法拍卖后，最高院认为非强制性的民商事拍卖中的《竞买公告》和《竞价须知》要求买受人承担全部税费的规定有效。

第二个问题是，尽管司法拍卖在拍卖公告中要求买受人概括承担全部税费被禁止，但如果当事人在司法拍卖公告以外另行约定了税费如何承担呢？此种契约的效力仍需考察。当事人于司法竞拍成功后变更作为重要交易条件的税费，可类比当事人于招投标完成后变更合同内容的情形，而后者在司法裁判中实际上已基本达成共识：倘若当事人的约定构成对招投标文件的实质性变更，则当事人约定无效。前文已论及，税费承担涉及不良资产买受人与出卖人的实质利益分配，当事人另行做出的税费承担约定理应属于对拍卖公告的实质性变更，故应做无效解释。该路径在实践中也不被司法裁判所承认。例如，在"A 公司、宋某、深 B 公司纠纷一案"中②，广东省高级人民法院认为当事人在竞买成功后，再变更拍卖公告所确定的交易条件"对其他未参加竞买的潜在竞买人而言有失公平，也不利于司法拍卖的稳定"。此案虽然是买受方单方面要求撤销而非双方约定，但此推论在双方约定的场合亦可适用，即竞买成功后，对作为交易条件的税费不

---

① 最高人民法院（2020）最高法民申 5099 号。
② 广东省高级人民法院（2020）粤执复 390 号民事裁定书。

能再作变更。

（二）司法实践对包税条款的灵活解释

如此，《网拍规定》第三十条规定拍卖公告中不得约定包税条款，而法院实践又不允许当事人在拍卖公告以外另行变更。这是否说明包税条款必然无效？部分司法实践的确对此问题给出了肯定的答案。例如，在"A 银行、B 银行金融借款合同纠纷案"中，广东省高级人民法院认为"相关法律、行政法规对税费负担已有明确规定……拍卖公告要求税费全部由买受人负担没有法律依据"①，从而否定了上述公告中税费承担条款之效力。但多数法官仍然肯定拍卖公告中包税条款的效力。例如，在曾某与某公司、某银行房屋买卖合同纠纷一案中，广东省珠海市中级人民法院认为涉案包税条款属"不良房产买受人与出卖人之间通过订立民事合同设立相关的权利义务，合同内容包括约定案涉房产因市场流转产生的各项税费的承担主体，该内容可以与税务机关行使行政管理职责并行，税务机关履行行政管理职责不构成对案涉合同约定效力的否定"②。在民法法理上看，所谓"税务机关履行行政管理职责不构成对案涉合同约定效力的否定当事人对税费实际承担主体的自行约定"，是认为"对税费实际承担主体的自行约定"属于债务履行的承担而非债务承担，因而未改变税法的强行结构，包税条款应被认定有效。

还有的裁判对《网拍规定》第三十条作出不同解读，从而肯定了包税条款的效力。如前述 A 公司、宋某、深 B 公司纠纷一案，广东省高级人民法院认为"过户时所产生的转让双方的一切税、费等均由买受人承担"这一拍卖公告中的包税条款虽与《网拍规定》三十条不一致，"但买受人自愿参加竞买，应当清楚知悉并属于自愿接受拍卖公告规定的相关条件，并应当按照该条件参加竞买，承担相应费用。如不接受拍卖公告规定的条件，可选择不参加竞买。在买受人竞买成功后，如果再以税费过高、不应由其承担为由撤销该项执行行

---

① 广东省高级人民法院（2019）粤执复 94 号民事裁定书。
② 广东省珠海市中级人民法院（2020）粤 04 民终 2379 号民事判决书。

为，将导致该司法拍卖条件发生重大改变，即在拍卖前和拍卖后分别设定两种不同的拍卖条件，对其他未参加竞买的潜在竞买人而言有失公平，也不利于司法拍卖的稳定"①。其实质是将《网拍规定》第三十条理解为任意性规定，并允许当事人在拍卖公告自行约定，设立包税条款。

司法实践中的另一种解释路径则并未将第三十条理解为任意性规定，而是关注第三十条"人民法院可以根据法律原则和案件实际情况确定税费承担的相关主体、数额"赋予法院的裁量权。从严格意义上讲，无论是否属于网络司法拍卖，税费承担均应当依照相关法律、行政法规而定，应无疑义。而如果税法对税费承担的相关主体、数额没有规定或者规定不明的，则依税收法定原则不应课税，不能依赖于法院对纳税义务人等涉税约定进行裁量。但部分法院将"案件实际情况"指向当事人做出了不同于税法规定的税费承担约定，因而将拍卖公告中包税条款的合法性建立于《网拍规定》第三十条赋予法官的裁量权。相较于第一种将第三十条理解为任意性规定的解释路径，第二种路径虽不完美，但也可谓次佳之选。

（三）以物抵债中的包税条款

还需要讨论的是以物抵债中的包税条款。以物抵债，和拍卖一样，也是债权实现的方式。以物抵债中，同样存在税费如何承担的问题。由于以物抵债多发生于拍卖流拍之后，那么，当司法拍卖公告明确列明包税条款，是否就意味着以物抵债程序中的税费也须由申请执行人负担？法律对流拍后以物抵债中产生的税费问题并没有明确规定，但司法实践则给出了否定的答案。在某案中，案涉房产经两次拍卖均流拍后，申请执行人 A 向法院提交以物抵债的申请，执行法院遂做出将案涉房产抵偿给 A 的裁定，且裁定中载明："办理上述抵债房产过户所需的税费按法律规定由双方分别承担。"②

另一案例中法院给出了清晰的论证，"司法网拍竞买公告中载明

---

① 广东省高级人民法院（2020）粤执复390号民事裁定书。
② 最高人民法院（2017）最高法执监324号执行裁定书。

的税费负担方式仅针对本次拍卖本身,是人民法院对本次拍卖附加的特殊要求。司法网拍竞买公告为一次性行为,此次拍卖结束竞买公告对未参加此次竞买的其他人便失去约束力,其效力不应延续到下一次拍卖,更不应延续到流拍之后的以物抵债。在以物抵债过程中,关于税费实际负担者,应由当事人进行协商,当事人无法协商,且债权人未表示同意负担全部税费的情况下,法院不能将此义务强加给债权人"①。

在这两个案例中,拍卖公告中的包税条款均被认为不影响以物抵债中的税费承担。申请执行人接受以物抵债,其法律地位即相当于买受人一方。其核心在于合同法的基本原理,拍卖公告作为合同并不能约束因以物抵债裁定而接受财产抵债的执行人。因此,抵债双方的税费承担方式应当依民事交易中自主买卖的相关税法规定而定。

一方面,还需要认识到债权人以物抵债不应获得司法拍卖中潜在买受人更优的条件。例如,在某案件中,以物抵债程序是同一涉案财产拍卖程序的延续,以物抵债的抵偿财产价值是以拍卖、变卖程序的保留价而定的。② 如果在以物抵债中变更拍卖公告所确定的税费承担方式,则在实质上将导致以物抵债抵偿价值与拍卖保留价的不一致。但另一方面,如果债权人以物抵债仍需要额外承担高额税费,则其以物抵债所实现的债权又将低于其在成功拍卖时(假定拍卖以保留价承担)所可能实现的债权。换言之,债权人在以物抵债程序中的地位将劣于其在拍卖程序中的地位。总体来看,债权人在以物抵债程序中具有选择权,是在接受以物抵债而较快实现债权的效率与较低的抵债价值之间进行选择。但债权人选择以物抵债时,已经接受了较低的抵债价值(拍卖保留价)。此时,再要求其依拍卖公告中的包税条款承担税费,其实质与其接受以折扣财产拍卖保留价对应数额的债是一致的。相反,若允许债权人以物抵债获得司法拍卖中潜在买受人更优的条件,可以排除拍卖公告中包税条款的效力,其实质是允许不同程

---

① 江苏省高级人民法院(2016)苏执复 154 号执行裁定书。
② 参见广东省高级人民法院在(2020)粤执复 577 号与(2019)粤执复 674 号执行裁定书。

序之间的套利。

总之,对包税条款的效力,《网拍规定》第三十条虽否定了司法拍卖公告中包税条款效力,但法院或将第三十条理解为任意性条款,或赋予法院自由裁量权。而司法实践则否定了在竞买成功后另行做约定,在其他合同中变动拍卖公告的条件。当包税条款山穷水尽之时,法官们的实践智慧使其柳暗花明又一村,有限地承认了包税条款的效力。因而,在实践中,约定于司法拍卖公告的包税条款仍然有效。但在标的物流拍后的以物抵债程序中,似乎应允许拍卖公告中确定的税费规则继续适用。

五、相关法律法规

关于税费承担的规定

1. 《最高人民法院关于人民法院网络司法拍卖若干问题的规定》:

第三十条 因网络司法拍卖本身形成的税费,应当依照相关法律、行政法规的规定,由相应主体承担;没有规定或者规定不明的,人民法院可以根据法律原则和案件实际情况确定税费承担的相关主体、数额。

2. 《国家税务总局关于人民法院强制执行被执行人财产有关税收问题的复函》:

四、鉴于人民法院实际控制纳税人因强制执行活动而被拍卖、变卖财产的收入,根据《中华人民共和国税收征收管理法》第五条的规定,人民法院应当协助税务机关依法优先从该收入中征收税款。

代结语

完善金融不良资产行规体系形成和适用的思路与对策

老子曰："福兮祸所伏，祸兮福所倚。"金融市场的兴旺繁荣为经济的发展注入了血液，然而金融市场运行中产生的金融不良资产却会累积金融风险，如若处理不当会对国民经济的运行产生极大的冲击，甚至造成灾难性的后果。此番教训，尤见于美国次贷危机所引发的全球金融海啸，至今余波不息。但从另一个角度来看，金融不良资产的交易和处置等流通过程却是资源重新分配的过程，它能使资源的高效利用者以较低的成本获取资源并加以运用，在此过程中为社会创造更多的财富。我们应当推动金融不良资产行业的市场化发展，以使市场中的金融不良资产更高效率地得到妥善处置，在化解金融风险的同时，也实现资源的重新配置。

我国的金融不良资产行业起步较晚，且存在金融不良资产行业创立之初的强政策性导致的"先天不足"，以及后期法律法规制定不足和仍以"双轨制"运作的"后天缺陷"，给其市场化发展带来了不小的阻碍，也滋生了诸多纠纷。然而，通过对广东省金融不良资产行业的观察和研究，本书课题组发现其市场化发展并未因此停滞，反而市场主体不断增多、交易愈发活跃，这得益于行业在运行中自发形成的行规，在法律法规缺失的情况下有效填补了制度空白，一定程度上维护了市场的有序运转。本书将广东省金融不良资产行业中已经形成的零散的、未成文的行规进行系统性的整理、编纂，并加以深入评述，旨在为后续广东省金融不良资产行规的正式制定和实施打下一定基础，也为监管部门在制定相关法律法规、行业政策以及执法时提供参考。在此，我们就完善金融不良资产行规体系形成和适用提供以下思路与对策。

一、建立及完善金融不良资产行业社团组织

行业协会等社团组织对于行规的形成具有至关重要的作用。推动金融不良资产行规的形成，首先要鼓励、引导金融不良资产行业协会的建立和完善。目前，广东省乃至全国都缺乏运行成熟的金融不良资产行业协会、商会等行业社团组织，现有的行业社团组织多限于地级市层级，且设立目的多为建立行业主体之间的交流平台，从而增加交

易磋商机会，难以发挥行业自律、培育行规形成的功能。

目前，金融不良市场同时存在市场机制失灵和政府监管缺位的两大问题，鼓励、引导金融不良资产行业社团组织的设立和发展，使其通过行规进行自律自治，对于专业性强、涉及利益主体众多的金融不良资产行业而言具有重要意义。与此同时，金融不良资产行业经过20多年的发展，已经具备了组织行业协会进行自律自治的基础，包括：①规则基础。金融不良资产交易市场在经历了十几年的探索后，已经逐渐形成了一个成熟的行业，面对法律法规的不完备甚至其所造成的阻碍，行业自身通过达成共识对这些缝隙进行了有效填补，维护了不良资产市场的有效运行。②共识基础。近几年，金融不良资产行业迎来了发展高潮，但也是其野蛮生长的几年。例如，金融不良资产行业因门槛放低，迎来了众多新手入场，其不规范的操作容易给行业内带来二次"不良"风险；银行强制向贷款民企搭售不良资产，并非以市场公允的价格进行交易，不仅侵犯了企业的自主选择权，还提高了民企融资的成本。以乱象整治为契机，行业内逐渐达成了亟须进行整治乱象、合规创收的共识。③专业基础。不良资产处置行业的高回报正是源于对资产本身的高识别性和价值的高波动性，这对于竞买人的能力提出了极高的要求，行业协会源于企业之间的联合，会员单位或处于业务的第一线，熟知业务流程，或精通学理研究，实务功底扎实，具备足够的能力进行行业自治。

具体而言，可以通过以下措施引导、鼓励金融不良资产行业社团组织的发展。

（一）规模选择：建立省级行业协会

金融不良资产业务处置具有强地域性。根据我国现行规定，地方金融资产管理公司的业务仅限定于各个地方，而不能自由流动。由此造成不同地区的金融不良资产规模、不良资产行业发展程度及不良资产市场化方式各有差异，由地方政府牵头，地方行业协会针对性地根据地区情况制定地区性行业规则能够较好地解决地区差异问题，形成符合地方情况的交易环节与交易规则。我国的金融不良资产规模持续扩大，与近年来中小企业的生存困境有关。中小企业在缺乏融资渠道、经营成本上升的双重夹击下步履维艰,不少陷入了破产困境,大量相关的金融不良资产出现了小额分散的特点。与此同时,地方金融资产管理公司准入放开,地方资源丰富、政府支持力度大,在金融不良资产市场中具备一定的优势。目前,我国并未形成全国性行业协会,也没有省级行业协会。鉴于金融不良资产的强地域性,应当从建立地区性的行业协会着手,重点培养省级行业协会,充分保障行业协会代表主体的广泛性和产业链条的完整性。

(二)模式选择:民间发起、政府扶持

在具体的建立模式上,行业协会有三种运作模式:政府主导型、市场内生型、混合型。结合我国金融不良资产行业的发展现状,选择第三种,即民间发起、政府扶持的混合型方式或许是较为妥当的选择。

政府与市场中的大型金融公司不宜担任行业协会发起人的角色。首先,《中共中央关于全面深化改革若干重大问题的决定》① 指出,"正确处理政府与社会关系,加快实施政社分开,推进社会组织明确职权、依法自治、发挥作用",进一步的要求是"限期实现行业协会商会与行政机关真正脱钩"。在此背景下,政府直接介入会影响行业协会的自治程度,违背行业协会的建立初衷。其次,一级市场中的主体,如商业银行、金融资产管理公司均属国有企业,被严格监管,与政府联系密切,又因拥有充足的竞争力,把持着行业内的核心资源,可能导致的局面是:实力基础雄厚者缺乏对行业协会的兴趣与依赖,从而疏于参与行业协会的组建和运行,并且由于其在市场中的强势地位,存在控制并利用协会作为自利的工具的道德风险。无论往哪个方向发展都难与行业协会的自治目标相契合。

然而,金融不良资产行业可以说是兴起于"乱",规范道路上或有不少障碍。金融不良资产或因企业经营困境而生,或属于违规项目、落后项目,本身存在难以收回账面价值的可能。正是因为这种乱象带来的信息不确定性、高风险性,才给市场主体带来了各凭本事、

---

① 《中共中央关于全面深化改革若干重大问题的决定》,2013 年 11 月 16 日发布。

乱中取胜的盈利空间。而不良资产行业内市场主体竞争力量悬殊，一级市场的大型机构业务范围广，把持了大量核心资源，二级市场主体则小而分散，单靠部分民间力量的自觉发起难以为继。行业协会在起步初期的平稳过渡亟须行政力量对市场的有效引导、扶持保障。研究证明，社团组织除了从社会、法律处获得合法性之外，还得努力获取行政合法性，得到行政力量的认可和支持。政府的开明态度与积极引导，有利于营造良好的行政资源和制度环境，金融不良资产行业亦不例外。

（三）制度选择：激励相容、监督到位

根据公共选择理论和集体行动理论，行业协会自治中的制度建设是实现效果的关键保证，既要解决"搭便车"等难题，又要维持共同收益，推动行业协会可持续发展。因此，须将各成员对于民主治理和行业发展所达成的共识，以制度性的合作规则来保证实施。该合作规则至少要达到两个目的：一是为合作者提供足够的激励；二是要对违规者予以惩戒，使其望而生畏。这就要求行业协会建立起相应的激励、监督惩罚机制。

第一，建立激励制度。一方面，金融不良资产行业中四大金融资产管理公司（AMC）仍是不良资产市场的主力，其次是地方金融资产管理公司，最后才是二级市场中的"散户"，行业中大型企业成员对行业协会的依赖程度低，需要通过激励来保持其对成员的吸引力。另一方面，金融不良资产行业参与者众多，行业协会中的成员需要遵守行业自治规范。然而，不入会者却可以游离在行规之外，捞取"不义之财"，这容易动摇成员的入会动机，因此需要激励制度来保持成员的参与积极性。激励来自两个方面，一是建立激励制度。行业协会需要对遵守有关行规的成员给予一定的物质或精神奖励。二是来自行业协会的自身优势。行业协会通过整合区域资源，搜集专业人才，搭建起与政府、社会的对话平台，具备网络规模效应和正外部性，因而让成员"有利可图"。例如：成员可以通过行业协会获取专业信息，参与有关培训；成员间的一致行动可以节约交易成本，降低市场不确定性；行业组织维权行为能够维护成员的共同利益，增强行

业整体竞争力。来自组织的利益激励能够促进成员形成广泛共识，并更乐于投入资源、参与协商，形成良性循环。

第二，建立惩罚制度。金融不良资产行业曾被认为是暴利行业，低入高出的巨大盈利空间让不少参与者行走在违法边缘，即使有相应的法规文件出台，依然不能抑制参与者的违规冲动。对比之下，行业间的自治是建立在市场原则、集体利益和认同之上的合作，相应的管理机制并不依靠政府权威，而依靠是合作成员的共识与合作网络的权威，行业协会更需要找到一种行之有效的惩罚方式来保证行规的有效落实。对金融企业而言，诚信是黄金资产，是其生存发展的"通行证"，信用惩戒可能比经济制裁更为有效。行业协会可以通过软性的批评教育、道德谴责、新闻曝光等方式来进行惩戒，甚至可以向政府寻求协助。例如，《上海钻石行业协会行规行约》① 第十三条规定："协会将接受社会上对行业内企业违反规约的检举和消费者的投诉。对违反规约或违法经营并造成不良影响、严重影响并查证属实的企业，由协会视不同情况在业内给予批评、内部通报、开除会员资格、媒体曝光等处理，或建议并协助政府有关部门予以查处，以维护规约的严肃性。"这种经验对于金融不良资产行业而言，同样具有参考价值。

二、加强对金融不良资产行规的调研、收集、整理和编纂

以本书前文所述为例，广东省金融不良资产市场在运行中已经出现了一些行业成员普遍认可的行规，但这些行规过于零散，缺乏系统性和公信力，因而未能成文，导致其在实务中得到适用的机会较少。未来，在建立及完善金融不良资产行业协会后，应由行业协会定期对市场中存在的行规进行搜集、整理、研究和系统性编纂，对于市场中尚未自发形成行规的领域，应由行业协会及时制定，并以行业协会的名义对外公开发布。同时，为增强金融不良资产行规的规范性、示范

---

① 上海钻石行业协会：《上海钻石行业协会行规行约》，2003 年 12 月 24 日发布并施行。

性、权威性，行规的编纂和制定过程应尽量争取广东省金融主管部门的支持，一方面可以由广东省金融主管部门协调广东省金融不良资产行业一级市场主体（四大金融资产管理公司、广东粤财资产管理有限公司、广州资产管理有限公司、深圳市招商平安资产管理有限责任公司、深圳资产管理有限公司以及广东省内各级商业银行）共同与行业协会整理、编写广东省金融不良资产行规，以增强行规的专业性和示范性；另一方面，为增强金融不良资产行规的公信力、影响力，可以由广东省金融主管部门作为广东省金融不良资产行规整理与编写的主要指导单位。具体的措施和步骤如下。

（一）进一步对现有的行规进行整理和研究

金融不良资产行业经过多年发展，已经逐渐形成了诸多行规。本书课题组通过对广东省相关情况的调研，已经整理出了转让环节、受让环节、中间环节和末端处置环节中的19条行规，但并未穷尽行业中的全部行规。事实上，包括金融不良资产市场在内的各个行业都存在许多被大部分市场主体认同且遵循的行规，只是这些规则散见于交易的各个环节中，没有相关主体对其进行系统全面的整理、评价和发布，而市场参与者对这些行业惯例已经习以为常，并未意识到这些规则已经属于行规的范围。对于这些散布在各个交易环节中的习惯与惯例，行业协会应当通过调查、收集、甄别、认定，将其纳入行规行约的范围。

此外，金融不良资产市场的特殊性在于，持牌金融资产管理公司在行业内是绝对的龙头，不仅因为其体量和规模之大在市场中无出其右，更因为持牌金融资产管理公司具有批量受让金融不良资产的资质，其他任何市场主体要参与金融不良资产市场，都必须从持牌金融资产管理公司手中进行收购。金融不良资产行规的整理及制定的过程应当有持牌金融资产管理公司的参与，从而保证行规的权威性。同时，持牌金融资产管理公司所处市场的法律法规和监管体系相对完善，由其参与整理和制定的行规在合法性及专业性上都能有所保障。

（二）规范金融不良资产行规的整理和制定程序

首先，金融不良资产行规整理和制定的过程应当保障行业内各主体的参与。金融不良资产的处置关系到各方主体的利益,涉及资金数额动辄百万,因此争议不可避免,协会只能更加谨慎地对待成员的意见。在制定程序中,如在提议、起草、意见征集、审议四个环节,均应确保成员广泛参与到各个环节中,通过深入调研等方式提高规范质量。一方面,定期召开会员大会,为会员发声提供公开、透明的渠道,寻求最大范围内的共识;另一方面,行业组织应对会员的发言予以反馈,积极回应,如有不接受的意见则详细说明理由。如此才可保证审议通过的自治规范是在权衡利弊、凝聚共识之后,对集体利益做出的妥善安排。

其次,应当定时对金融不良资产行规进行更新。金融不良资产形成时间跨度长、分布广、相关主体广泛等特点意味着对金融不良资产行业进行管理有一定的专业要求,身处金融领域,处置方法更新换代速度快、国家政策出台频繁且复杂等内外环境决定了不良资产行业自治规范的制定不可能一蹴而就,也不可能一劳永逸。金融不良资产行业协会应当顺应国家经济发展形势,根据不同阶段的需要,对于成员反映强烈的突出问题、扰乱市场秩序的不合理行为加以规范,制定、修改、完善自治规范,并不断进行更新。

最后,金融不良资产行规的整理和制定应当注重对社会的公开。由行业协会牵头整理的现有行规、协商制定的自治规范属于相关利益群体的共识,在成员间达成一致并对成员具有约束力。但也应考虑到行业协会并非吸纳了所有的专业人才、统筹了所有业内企业,其所制定出来的行规行约在适用过程中会对其他非成员企业或社会成员产生影响,故其应当经得起来自多方面的审视和考验,获得社会的认可度。一方面,行业协会可以向社会或行业广泛征集意见,听取和学习来自不同行业的经验;另一方面,为了保持行规审查工作的稳定、持续,行业协会亦可成立顾问小组或是指导小组,争取得到政府监管部门、专家学者的指导和支持,增强行规的专业性和权威性。

(三)提交金融监管部门进行备案

行规备案指行业协会的自治规范在公布后报送有关部门进行备案审查,以便政府及时了解自治规范的制定情况。实施备案程序,能够在一定程度上代表行规本身具备合法性，增强行规的公信力，有利于行规的进一步推广。

一方面，金融不良资产行规系行业共识凝聚的结果，但作为非正式制度，仅能约束内部成员，却不具有直接的法律约束力，只有在法律存在空白时，才可以通过"习惯"这一通道得到法律的适用。德国的行业协会自治规章作为行政法的渊源之一，直接具有法律约束力。对比之下，我国金融不良资产行业协议不具有官方背景，制定的行规不具备法律效力，对成员的约束大多通过软性惩戒得以实现，难以实现普遍良好的治理效果。若能得到金融监管部门的背书，则可以增加金融不良资产行规的公信力，其适用范围将得到有效扩大。

另一方面，行政机关也需要经过备案或审查行业自治规范，结合法律法规和道德规范，及时发现和纠正行规的不当之处，将有利于提高行规的合规性。金融不良资产处置关系到金融体系的稳定，在防范和化解系统性金融风险中起到了独特作用，是国家金融监管重点关注行业。而在行规制定过程中，制定主体即行业协会容易受到来自商业活动和行政活动的影响，可能导致行规给公民、法人或社会公共利益带来负外部性，故金融监管部门也有必要对其进行备案和审查，及时发现和纠正不当之处，提高行规的合规性。

行规备案制度在我国的相关行业已有先例，如《中华人民共和国证券法（2019修订）》① 第163条规定："证券业协会的章程由会员大会制定并报国务院证券监督管理机构备案。"《中华人民共和国律师法（2017年修订）》② 第四十四条规定："全国律师协会章程由全国会员代表大会统一制定，报国务院司法行政部门备案。"《中华人民共和国注册会计师法（2014年修订）》③ 第三十四条规定："中国注册会计师协会的章程由全国会员代表大会制定，并报国务院财政部

---

① 全国人大常委会：《中华人民共和国证券法（2019修订）》（中华人民共和国主席令第37号），2019年12月28日发布，自2020年3月1日起施行。

② 全国人大常委会：《中华人民共和国律师法（2017年修订）》（中华人民共和国主席令第76号），2017年9月1日发布，自2018年1月1日起施行。

③ 全国人大常委会：《中华人民共和国会计师法（2014年修订）》（中华人民共和国主席令第14号），2014年8月31日发布施行。

门备案;省、自治区、直辖市注册会计师协会的章程由省、自治区、直辖市会员代表大会制定,并报省、自治区、直辖市人民政府财政部门备案。"第三十五条规定:"中国注册会计师协会依法拟订注册会计师执业准则、规则,报国务院财政部门批准后施行。"金融不良资产行业实行行规备案制度亦有其法理基础,同时可以将备案的行政部门降至省级,以适应金融不良资产行业地域性强的特点,并提升可操作性。

三、完善金融不良资产行规司法适用规则

《民法典》第十条规定:"处理民事纠纷,应当依照法律;法律没有规定的,可以适用习惯,但是不得违背公序良俗。"民法典时代,金融不良资产行规可以通过"习惯"这一途径获得正式法源的效力,也因此有了更大的"用武之地"。为提高金融不良资产行规的适用率,使其能够在行业的市场化发展中充分发挥作用,本节提出应当完善金融不良资产行规的司法适用机制,同时促进金融不良资产行规在其他纠纷解决机制中的运用。

(一)金融不良资产行规的类型化

为明确行规能否成为《民法典》第十条所承认的法律渊源——习惯,进而在司法适用中进行适用,首先需要对金融不良资产行规进行正式行规和非正式行规的类型化区分,其中的依据就是法律效力的不同。

正式行规应当与交易习惯、行业惯例一样兼具自律性与他律性,要具有普遍约束力,至少应具备以下三个特点:首先,正式行规应当是在金融不良资产市场中经过反复实践形成、运用的产物;其次,金融不良资产市场主体对该行规具有普遍确信;最后,正式行规应当具有同交易习惯、行业惯例一样的他律性,即具有法律约束力,不仅对资产行业组织内部特定参与者,还对行业外部人具有普遍约束力,其中包括法官等主体。这些行规由于具备了习惯的构成要件,可以通过法官的解释,在法律法规存在空白时作为补充法源直接在司法审判中适用。上文提及的金融不良资产定价规则、提前锁定买家规则、债权

转让通知规则等均可能被纳入此等范畴。

不同于正式行规,非正式行规往往指由部分行业组织制定的用于调整因金融不良资产交易而产生的各种关系的社会规范,不具有同交易习惯、行业惯例一样的他律性,而具有自律性,即只能对行业内部人员进行限制,而对行业外部人员不产生效力。非正式行规的他律性只能来源于合同约定产生的效力。由此,金融不良资产行业中非正式行规不具有法律规范性质,区别于正式行规,进而不能成为《民法典》第十条中规定的法律渊源,但也能作为法官说理的依据,作为解释法律和解释合同条款的参考。前面章节提到的不良资产信息披露最低要求规则、尽职调查的必要事项规则等归于此类。

(二) 金融不良资产行规的适用规则

《民法典》第十条一方面承认了习惯的法律渊源地位,另一方面又提出了解释习惯具体含义的新需求。① 金融不良资产行规的司法适用涵括于商事习惯范畴,在司法审判中当事人主张适用行规程序的大致流程为:当事人提出主张—类型识别与定性—证明行规的真实性、关联性与合法性—法官适用考虑。②

1. 确认金融不良资产行规适用的必要性

当事人提出案件适用行规的主张时,法官需要考察是否具有引入金融不良资产行规的必要性。根据《民法典》第十条规定,在法律没有规定的前提下,才能适用习惯,习惯仅作为辅助性的法律渊源存在。因此,法官应当考察当事人主张行规适用的情况是否已经在法律中有所规定。具体表现为以下四种情况。

第一种,法律对当事人主张行规适用情况进行了明确规定的,则需要以行为人能否以其意志排除适用为标准,将该规范区分为任意性规范或是强制性规范。③ 若属于强制性规范已经明确指令或明确禁止的情况,法院应当排除行规适用。在金融不良资产行业,存在大量的

---

① 周林彬:《商业行规的类型化及法律适用》,载《浙江工商大学学报》2019年第5期。
② 董淳锷:《商业行规法律适用的实证研究》,法律出版社2020年版,第210页。
③ 朱庆育:《民法总论》,北京大学出版社2013年版,第43页。

强制性规范。若当事人就强制性规范规制的问题提出适用行规的，法院应以法律存在规定、优先适用法律为由直接拒绝行规的适用。若法律中仅存在任意性规定，法院则不能直接拒绝行规的适用，仍应当对行规适用与否进行下一步考察。

第二种，法律尚未规定的，则需要对行规适用进行进一步考察。法律法规对不良资产行业实行"双轨制"管理，国家出台的法律和规章主要约束一级市场金融资产管理公司，而针对二级市场的交易约束有限。由此，在法律空缺的情况下，依据《民法典》第十条规定，行规在金融不良资产领域具有较大法律适用的可能空间。

第三种，行规按照法律直接适用。经过批准或者备案的行规，其效力不仅仅来源于成员承认的内部效力，同时也得到了国家的认可，尤其是经过了国家机关批准的行规，其性质与国家制定的法律规范基本没有区别，可以直接按照法律予以适用。① 在金融不良资产行业若能形成经备案的行规，则有利于提高行规在不良资产金融行业的法律适用范围，进一步发挥行规的积极意义。

第四种，行规优先于法律适用。当事人对行规进行了约定适用，法官根据合同规则判定约定有效时，则优先适用行规。此时，行规因约定获得了具有他律规则特点的规范效力。因法律约束有限，行规约定适用在金融不良资产的二级市场中普遍存在。

综上所述，法官在考察商业行规是否有引入必要时，若发现法律已经进行强制性规定、行规按照法律直接使用及行规优先于法律适用，则不再需要对行规进行下一步考察。若属于其他情况，需要依照《民法典》第十条适用时，法官仍须对行规做进一步考察。

2. 识别：正式行规与非正式行规

经当事人主张、法官认为确实有引入商业行规的必要时，应对当事人主张的行规进行审查。行规由两种不同的路径进入司法审判：一是被界定为《民法典》第十条中的习惯，其理论基础是将金融不良

---

① 黎军：《基于法治的自治——行业自治规范的实证研究》，载《法商研究》2006年第4期。

资产市场的正式行规纳入比交易习惯的内涵和外延更为广阔的商业习惯之中;二是被界定为商业案件事实的一部分,即该行规属于正式行规,是案件事实。

根据相关证据规则与司法解释①,大部分进入审判程序的行规,都需要由主张其适用的当事人承担举证责任,包括行规的合法性、真实性与关联性。当事人最重要的是证明其真实性,即截至某一特定时间点,拟适用的行规作为正式行规确实客观存在。②为此,在金融不良资产行规的司法适用中,即在特定地区的金融不良资产行业内,当事人向法官证明的内容至少包括以下三项:一是该行规已经有较长的适用时间;二是金融不良资产市场参与者普遍知晓并认可该项行规;三是该项行规对市场参与者们有约束力。③需要特别注意的是,由于金融不良资产集中爆发等因素造成行业迅猛发展,部分行规存在虽然出现时间短,但适用范围广、实践多的情况。法官在考察拟用行规是否适用时,应当结合不良资产市场的发展历史,合理放宽适用时间标准,更多地关注行规的适用范围与适用频率。

经识别,如果没有足够证据证明拟用行规属于正式行规,便将其归类为非正式行规。若非正式行规无法取得补充法源地位,则无须考虑其法律适用。不可否认,非正式商业规范对商事关系的调整具有重要作用,但往往局限于在商业行业组织内部参与者之间产生约束力,而不具有强制约束力。当然,法官也能将之作为说理的依据,以及解释法律和解释合同条款的参考。

---

① 已失效的《最高人民法院关于适用〈中华人民共和国合同法〉若干问题的解释(二)》(以下简称《合同法解释二》)的第七条曾定义过"交易习惯"的概念:"下列情形,不违反法律、行政法规强制性规定的,人民法院可以认定为合同法所称'交易习惯';(一)在交易行为当地或者某一领域、某一行业通常采用并为交易对方订立合同时所知道或者应当知道的做法;(二)当事人双方经常使用的习惯做法。对于交易习惯,由提出主张的一方当事人承担举证责任。"虽然《合同法解释二》已经失效,但鉴于其与民法典并无冲突之处,加之有先前相关判决说理支撑,该条款仍可作为定义交易习惯的参考条款,正式行规满足该条款规定的"交易习惯"要求,可以被人民法院作为交易习惯而适用。
② 董淳锷:《商业行规法律适用的实证研究》,法律出版社2020年版,第219页。
③ 董淳锷:《商业行规法律适用的实证研究》,法律出版社2020年版,第223页。

3. 法官对正式行规的适用审查与过滤

即使证明拟用行规属于正式行规，法官仍不能直接适用。法官仍须结合具体案件的情况对正式行规进行审查与过滤，至少包括以下三个方面。

首先，法官需要考察当事人是否在合同约定中将拟用行规明确排除。根据《民法典》"合同编"第五百零九条规定，当事人应当按照约定全面履行自己的义务。双方在签订合同时约定排除行规的适用，体现了当事人的自由意志，在不违反强制性、效力性规定时，行规应当依照双方当事人合同约定予以排除适用。

其次，法官需要考察拟用的正式行规是否符合公序良俗。这是由《民法典》第十条后半段规定决定的，"可以适用习惯，但是不得违背公序良俗"。就考察正式行规而言，公序良俗的含义不仅包括个体与私人的交易安全，而且应当聚焦于宏观意义上的经济秩序安全与社会安全。① 随着金融不良资产市场范围不断扩大，该行业的每一个正式行规的司法适用都影响着我国金融体系的安全性与稳定性。金融安全绝对不能让位于市场效率，认真考察、及时排除违反公序良俗的正式行规是法官适用行规前的重中之重。

最后，在特定情况下，法官需要权衡正式行规与监管政策的适用次序。在现有的监管框架下，规制不良资产行业的规范大多属于规章或其他规范性文件。法官对是否适用正式行规与规章均具有自由裁量权。理论上，法官需要权衡正式行规与规章的适用次序。但在实践中，正式行规的形成需要经过反复持续的实践，一般情况下不存在长期违反党中央政策、国家政策或部门政策的行业做法的可能性，由此极少出现二者矛盾的情况。即使二者冲突，事关金融安全，法官应全面谨慎考虑，尽量以规章监管政策优先。但当正式行规与其他规范性文件产生冲突时，法官应当综合公序良俗等因素进行综合考量，可以优先适用实践范围更广、更符合行业交易特点的正式行规。

---

① 全国人大常委会：《中华人民共和国仲裁法（2017 修正）》（中华人民共和国主席令第 76 号），2017 年 9 月 1 日发布，自 2018 年 1 月 1 日起施行。

（三）促进金融不良资产行规在其他纠纷解决机制中的适用

处理民事纠纷时，除了常用的司法手段，还有仲裁、调解与和解。在金融不良资产相关的纠纷解决机制中，行规的适用空间更为广阔。

相较于司法裁判，仲裁对于行规等商业习惯一直有更高的接受度。在比较法上，1998年国际商会仲裁院对其仲裁规则进行了修订，其中比较明显的一个变化就是在第17条中以"法律规则"（rules of law）代替了原来的"法律"（law），即当事人约定的适用于解决争议的法律规则不再仅限于某一个国家的法律，也就将商事习惯法这一类超越了一国国内法范围的行为规范列入解决国际贸易纠纷可予适用的法律规范之中。这一修订认可了直接以普遍接受的行为规范作为解决纠纷的依据。因此，在国内外均对商事习惯给予了高度重视的背景下，对于金融不良资产纠纷相关的仲裁，亦应当重视以金融行规为代表的商事习惯的作用。《中华人民共和国仲裁法（2017修正）》① 第七条规定：仲裁应当根据事实，符合法律规定，公平合理地解决纠纷。当金融不良资产纠纷通过仲裁解决时，如果我国现行法律法规对有关问题没有规定或者规定不明确，此时仲裁机关应当认可金融不良资产行规的补充作用，具体适用规则可以参照司法领域的适用规则。

在形式更为灵活的调解中，金融不良资产行规的适用空间更大，金融不良资产行业协会应当发挥其作为行业自治组织的主体优势和专业优势，与法院、司法局等联系设立调解机构，在调解中邀请行业资深的业务人员进行参与，在调解中引导双方适用行规，进行纠纷解决。

小　　结

金融不良资产行规的研究不可"毕其功于一役"。本书还存在如

---

① 全国人大常委会：《中华人民共和国仲裁法法（2017修正）》（中华人民共和国主席令第76号），2017年9月17日发布，自2018年1月1日起施行。

下局限：其一，本书针对的是粤港澳大湾区，特别是广东省内金融不良资产行规的研究，因前述金融不良资产行业的地域性特征，不可避免地存在局限性。其二，行规所反映的是行业的实践现状，因此，行规必须紧随行业的实际发展进行不断更新。在日新月异的金融不良资产市场中，本书所关注的只能是近年的交易规则和实践操作，未来还需要不断进行更新。其三，行规的编写需要行业实践作为支撑，本书的写作主要通过实地调研和与业内人士访谈，所搜集的信息可能与实践现状存在一定偏差。尽管如此，本书旨在响应行业的呼声，填补金融不良资产行规编纂和研究的空白，从实务和理论的层面分析了金融不良资产行业的现状和问题。未来，课题组将继续围绕金融不良资产行规进行更深入、更全面的调研和研究，以期为金融不良资产行业的健康发展奉献微薄之力。在此也呼吁更多的专家学者、行业从业者、司法机关、仲裁机构以及金融监管部门加入金融不良资产行规的研究中，最终实现以行规为重要抓手的"行政监管、行业自治、市场共治"格局！

参考文献

一、专著

[1] 崔建远.合同法［M］.6版.北京：法律出版社，2016.

[2] 崔建远.合同法学［M］.北京：法律出版社，2015.

[3] 董淳锷.商业行规法律适用的实证研究［M］.北京：法律出版社，2020.

[4] 韩世远.合同法总论［M］.4版.北京：法律出版社，2018.

[5] 黄薇.中华人民共和国民法典合同编解读［M］.北京：中国法制出版社，2020.

[6] 可钦锋.银行业不良资产处置法律实务：要点剖析与疑难解答［M］.北京：中国法制出版社，2018.

[7] 米什金.货币金融学［M］.郑艳文，荆国勇，译.北京：中国人民大学出版社，2016.

[8] 苏力.法治及其本土资源［M］.北京：中国政法大学出版社，1996.

[9] 王家福.民法债权［M］.北京：中国社会科学出版社，2015.

[10] 王利明.合同法研究：第1卷［M］.北京：中国人民大学出版社，2015.

[11] 王利明.合同法研究：第2卷［M］.北京：中国人民大学出版社，2015.

[12] 魏振瀛.民法［M］.5版.北京：北京大学出版社，2013.

[13] 郑玉波.民法债编总论［M］.修订2版.北京：中国政法大学出版社，2004.

[14] 朱庆育.民法总论［M］.北京：北京大学出版社，2013.

二、期刊论文

[1] 崔建远.债权让与续论[J].中国法学,2008(3).

[2] 方新军.《合同法》第80条的解释论问题:债权让与通知的主体、方式及法律效力[J].苏州大学学报,2013(4).

[3] 顾长河.中国金融领域收益权的立法研究[J].云南社会科学,2019(2).

[4] 郝丽燕.《合同法》第167条(分期付款买卖)评注[J].法学家,2019(5).

[5] 焦清扬.预约合同的法律构造与效力认定[J].社会科学,2016(9).

[6] 黎军.基于法治的自治:行业自治规范的实证研究[J].法商研究,2006,23(4).

[7] 刘伟明.公司融资资金来源和用途与金融监管穿透问题研究[J].西南金融,2018(4).

[8] 鲁篱.论金融司法与金融监管协同治理机制[J].中国法学,2021(2).

[9] 申建平.对债权让与通知传统理论的反思[J].求是学刊,2009(4).

[10] 吴晓锋.公序良俗的经济法分析:民法与经济法的契合[J].西南民族大学学报(人文社科版),2004,25(10).

[11] 徐涤宇.《合同法》第80条(债权让与通知)评注[J].法学家,2019(1).

[12] 杨立新.商业行规与法律规范的冲突与协调[J].法治研究,2009(6).

[13] 尹飞.论债权让与中债权移转的依据[J].法学家,2015(4).

[14] 中国东方资产研究院课题组.我国金融不良资产市场及趋势分析[J].当代金融家,2021(3).

[15] 周林彬.商业行规的类型化及法律适用[J].浙江工商大学学报,2019(5).

[16] 朱虎.债权转让中对债务人的程序性保护：债权转让通知［J］.当代法学，2020（6）．

[17] 朱羿锟，张盼.民法典、共同法与粤港澳大湾区法治协同路径论纲［J］.中国法学会会员部，全国推进依法治国的地方实践（2020卷）．

三、电子资源

[1] 安卓.外资掘金粤港澳大湾区不良资产的机会来了！［EB/OL］.［2019-12-10］.http：//www.zichanjie.com/article/323676.htm.

[2] 广东产权交易所集团：获批不良资产跨境转让试点［EB/OL］.（2018-06-25）［2019-12-10］.http：//www.sohu.com/a/237604112_538698.

[3] 广东自贸区.案例六：全国首单依托交易平台实现的不良资产跨境转让项目［EB/OL］.（2018-04-20）［2018-4-20］.http：//ftz.gd.gov.cn/jrkfcx/content/post_918703.html#zhuyao.

[4] 国厚资产.《不良资产与特殊机遇行业研报》第43期：《不良资产跨境转让交易探析》［EB/OL］.［2018-9-5］.http：//www.zichanjie.com/article/456372.html.

[5] 千亿不良资产，谁来撬动？［EB/OL］.［2019-12-10］.https：//news.fx168.com/qiye/1810/2697996.shtml.

[6] 深圳市前海管理局.全国首单依托交易平台实现的不良资产跨境转让项目［EB/OL］.（2018-04-27）［2018-4-27］.http：//qh.sz.gov.cn/sygnan/qhzx/zthd_1/szn/tpxgg/content/post_4383066.html.

[7] 汪波.广东粤财资产管理有限公司与浙江浙萧资产管理有限公司债权转让通知暨债权催收联合公告［N/OL］.南方网，［2019-9-28］.http：//epaper.southcn.com/nfdaily/html/2019-09/28/content_7824269.htm.

[8] 王恩博.中国东方：外资投资中国不良资产市场规模将进一步提升［EB/OL］.（2019-07-25）［2019-12-7］.http：//www.chinanews.com/cj/2019/07-25/8907199.shtml.

［9］浙商资产研究院. 2018 年金融不良资产年度报告［EB/OL］. (2019-01-17)［2021-7-15］. https：//mp. weixin. qq. com/s/5djA1RA8OmbzrV4eIX7P5Q.

附 录

附录一： 本书重要概念及其简称

概念全称	简称	含 义
金融不良资产	不良资产	指银行持有的次级、可疑及损失类贷款，金融资产管理公司收购或接管的金融不良债权，以及其他非银行金融机构持有的不良债权。其中，银行在金融活动中产生的不良资产最具代表性，本书以其为主要研究对象，故本书所称金融不良资产，主要是指银行不良资产
金融不良资产包	不良资产包	指打包处理的金融不良资产。由于行业特点，转让金融不良资产时，通常是根据资产质量、形态、行业、地区分布等特点，将不同的资产进行组包出售
金融资产管理公司/全国性资产管理公司	全国性AMC	指经国务院决定设立的收购国有银行不良贷款，管理和处置因国有银行不良贷款形成的资产的国有独资非银行金融机构，是由国家全资投资的特定政策性金融机构
地方资产管理公司	地方性AMC	指由省、自治区、直辖市、计划单列市人民政府依法设立或授权的资产管理或经营公司
金融企业	—	指在中华人民共和国境内依法设立的国有银行及国有控股商业银行、政策性银行、信托投资公司、财务公司、城市信用社、农村信用社以及银保监会依法监督管理的其他国有及国有控股金融企业（金融资产管理公司除外）

续上表

概念全称	简称	含义
金融不良资产一级市场	一级市场	目前的金融不良资产行业已形成两级市场划分的格局。一级市场是指银行等金融企业对一定规模的不良资产进行组包，定向转让给持牌资产管理公司（包括金融资产管理公司和地方资产管理公司）的交易市场
金融不良资产二级市场	二级市场	目前的金融不良资产行业已形成两级市场划分的格局。二级市场是指金融不良资产从持牌资产管理公司流转至其他市场主体，以及金融不良资产在二级市场受让方之间的流转及最终处置的交易市场
金融不良资产转让环节	转让环节	主要指金融不良资产从出让主体（卖方）转让给受让主体（买方）的环节，主要偏向出让主体（卖方）的权利和义务
提前锁定买家	—	在不良资产二级市场中，投资者与持牌金融资产管理公司约定在特定条件满足后，前者受让后者现有的或未来可取得的不良资产
金融不良资产定价折扣率	定价折扣率	是指在不良资产二级市场交易中，标的不良债权总额（包括原借款合同本金和以原借款合同本金为基数、按照原借款合同约定的利率，计算至交易基准日的利息、逾期利息和复利）与受让人支付的含税价款之间的比例
金融不良资产的处置	—	金融不良资产所有人基于对不良债权开展的尽职调查工作，对不良债权进行变现或者获得其他权益的过程。主要的处置方式有诉讼追偿、转让出售、资产重组、债转股、资产置换等
金融不良资产受让环节	受让环节	是指受让主体（买方）从出让主体（卖方）接收金融不良资产的环节，主要偏向受让主体（买方）的权利和义务

续上表

概念全称	简称	含义
债权转让公告通知	公告通知	是指在全国或者省级有影响力的报纸上发布债权转让公告或通知。根据《民法典》第五百四十六条的规定，债权人转让债权，未通知债务人的，该转让对债务人不发生效力
金融不良资产中间环节	中间环节	是指以居中提供促成交易、资金融通、信息披露等服务性业务为主的中介机构所参与的交易环节
收购通道/资金通道	通道业务	是指具备特定资质的资产管理公司或交易所等作为中介机构，接受社会投资者的委托，向金融机构购买特定不良资产包，再由社会投资者以约定价格出价向中介机构购买该不良资产包，中介机构从中收取一定过桥费用的一类金融业务
不良资产交易信息的披露	—	是指有信息披露义务的主体，根据有关法律法规的要求，向受让人、社会公众等公开对交易会产生显著影响的、与不良资产有关的各类信息，如不良资产的客观状态、一般明显的瑕疵、风险等内容的行为
金融不良资产的末端处置环节	处置环节	指对金融不良资产进行处置和清收的环节，是不良资产实现价值、为投资者带来巨大收益的重要阶段
政策性不良债权	—	根据最高人民法院《最高人民法院关于审理涉及金融不良债权转让案件工作座谈会纪要》，是指1999年、2000年四大金融资产管理公司在国家统一安排下，通过再贷款或者财政担保的商业票据形式支付收购成本从中国银行、中国农业银行、中国建设银行、中国工商银行以及国家开发银行收购的不良债权

续上表

概念全称	简称	含 义
商业性不良债权	—	根据最高人民法院《最高人民法院关于审理涉及金融不良债权转让案件工作座谈会纪要》，是指2004年至2005年四大金融资产管理公司在政府主管部门主导下从交通银行、中国银行、中国建设银行和中国工商银行收购的不良债权
包税条款/税费转移承担条款	—	是指约定税法上的纳税义务人不实际承担交易所生之税款，而由另一方承担部分或全部税款的条款

附录二：金融不良资产行规要点及释义

第一章 金融不良资产转让环节的行规

（转让环节指金融不良资产从出让主体转让给受让主体的环节）

【第1条】提前锁定买家规则

不良资产受让人可以向金融资产管理公司或地方资产管理公司预约受让其现有的或未来可取得的不良资产，并支付相应保证金，但不得通过约定优先购买权、违约金等方式，对金融资产管理公司或地方资产管理公司依法处置不良资产造成实质性影响。

提前锁定买家是指在不良资产二级市场中，投资者与持牌金融资产管理公司约定在特定条件满足后，前者受让后者现有的或未来可取得的不良资产。受不良资产处置规则的限制，不良资产转让行为仍应公开、公平、公正和竞争择优。双方达成的协议称为"提前锁定买家合同"，其法律性质为预约合同，不得对交易双方形成订立本约的绝对的、必然的、无限制的约束力，不得实质性突破监管要求，不得影响不良资产一级和二级市场的交易秩序，否则可能因违反有关不良资产处置的强制性规定而被视为无效。

【第2条】交易事前信息披露规则

除非不良资产出让人以公开方式告知或在书面协议中明确列举本次不良资产转让不符合交易事前信息披露要求的情形，并与受让人以书面形式约定受让人放弃追究相关责任，否则出让人应当公告或通过书面方式向受让人披露对于不良资产的交易价格和受让人的法定权利具有重大影响的信息。

违反不良资产交易事前信息披露的要求，未披露或披露不实且受让人未书面同意豁免的，出让人应当承担补充披露等违约责任。

不良资产的成交或拍卖价格能否被正确估值，严重依赖于出让人所提供信息的完整性和准确性。因此，出让人应当在完成不良资产包的最终交割以前将相关信息进行披露，事后的说明或告知内容不构成不良资产信息披露义务的履行。出让人可以公开方式告知或在书面协议中明确列举本次不良资产转让不符合交易事前信息披露要求的情形，并与受让人以书面形式约定受让人放弃追究相关责任，明确告知受让人相关信息缺失的风险，以豁免对特定信息的信息披露义务。

【第3条】债权材料移交规则

出让人与受让人订立不良资产转让协议后，出让人应当及时向受让人移交对受让人确认产权和实现经济利益具有重大影响的材料。

该材料确已遗失、灭失或自始不存在的，出让人应当以书面形式向受让人提供无法移交材料的清单。受让人后续转让时移交该清单的，应当被视为满足债权材料移交要求。法律法规要求遗失、灭失材料需办理其他手续的，依其规定。

违反债权材料移交要求，无法提供材料，并未替代出具无法移交材料清单的，出让人应当承担补充提供材料等违约责任。

债权材料指的是对确认产权和实现经济利益具有重大影响的材料，出让人有义务移交债权材料，移交工作应在不良资产出让人与受让人订立不良资产转让协议后进行。原则上，出让人应移交原件，其中证明债权债务关系和产权关系的法律文件资料必须移交原件。材料确已遗失、灭失或自始不存在的，出让人应以书面形式向受让人提供无法移交材料的清单，以豁免此义务，否则应承担补充提供材料等违约责任。法律法规另有要求的，依其规定。

【第4条】不良资产定价折扣率规则

除非不良资产转让存在欺诈、显失公平、恶意串通损害他人合法权益等情形，或不良资产定价违反法律法规的强制性规定，不良资产的起拍或成交折扣率不受限制。

除非当事人另有约定，不良资产定价的折扣率是指债权总额（包括原借款合同本金，和以原借款合同本金为基数，按照原借款合同约定的利率，计算至交易基准日的利息、逾期利息和复利）与受让人支付的含税价款之间的比例。当事人没有明确约定交易基准日的，交易基准日为金融企业剥离（转让）不良资产的评估报告的评估基准日。

不良资产定价的折扣率是指债权总额与受让人支付的含税价款之间的比例。金融不良资产的转让定价应该更多地尊重市场规律，按照有关规定，经过公正、合理、科学的价值评估程序得出，法院不宜仅凭不良资产的起拍或成交折扣率判断该交易的合法有效性。交易基准日指的是交易标的债权的利息计算截止日期，当事人没有明确约定的，以金融企业转让不良资产的评估报告的评估基准日为交易基准日。

【第5条】出让人的协助义务规则

经任一后手受让人的通知，不良资产出让人应当对其履行合理的协助义务，包括但不限于协助其取得材料原件、协助其办理不动产或特殊动产抵押权转移相关手续、协助其变更诉讼主体或执行人，但出让人与任一前手受让人在不良资产转让协议中已排除的具体协助事项除外。

不良资产出让人的协助义务本质上是附随义务或后合同义务，违反协助义务将构成违约，应当依法承担违约责任。当事人可以通过约定的方式排除法定的协助义务。出让人应当在不违反法定或约定义务，且具有合理履行的可能情况下，给予所有后手受让人为变现不良资产价值而需要从出让人处获取的各项协助。确定出让人的协助义务范围时，应以最大限度便利所有后手受让人处置不良资产，且避免出让人承担不合理的负担为原则。

第二章 金融不良资产受让环节的行规

（受让环节指受让主体从出让主体中接收金融不良资产的环节）

【第6条】买受人风险自负规则

应推定买受人已充分了解不良资产的交易风险，买受人应自行承担受让债权之前或之后产生的一切风险及其所带来的一切损失，但出卖人故意作出不实陈述的，或未履行基本的信息披露义务的除外。

买受人风险自负规则与交易事前信息披露规则互为补充。前提条件是不良资产出卖人履行了不良资产信息披露的基本义务并移交了必须提供的有关材料，核心要义是买受人对商业风险的自我承担，范围及于不良资产包中的所有债权。不良债权的出卖人故意告知买受人不实信息导致买受人对不良债权存在的瑕疵不知情或产生误解的、所转让的标的债权不存在或出卖人不是标的债权的权利人的，属于买受人风险自负规则的除外情形，不适用本规则。

【第7条】限制向前手追索规则

转让合同双方确认本次不良资产包转让系现状转让。买受人就不良资产包的任何部分，对出卖人无追索权，但不良资产于转让时即不存在或出卖人并非权利人的除外。

买受人亦无权向与其没有合同关系的前手追索，但不良资产于该前手转让时即不存在或该前手并非权利人的除外。

本规则不免除出卖人因故意虚假陈述所导致的责任。

限制追索的约定包括两种情形：不良资产出卖人与买受人约定不得向出卖人的前手追索、不良资产出卖人与买受人约定转让后买受人不得向出卖人追索。即使法律法规或者国家相关政策允许买受人行使追索权，买受人亦不可更改地放弃该权利，但是，以限制追索之名行排除故意虚假陈述所致责任之实的合同条款无效。不良资产于资产正式转让至买受人的那一刻起即不存在的，不适用本规则，买受人可以向出卖人主张承担违约责任。

【第8条】不穿透计算规则

金融企业可以向社会投资者转让不良债权。除非有证据证明出卖人与买受人恶意串通,否则在一段期限内出卖人向特定买受人连续转让不良债权的,只要每次转让均遵守合法程序,所转让的户数不叠加计算。

不穿透计算规则适用于金融企业与社会投资者之间,针对的是金融企业多次分批向某一社会投资者转让不良贷款债权,每次转让的时间间隔较短且每次转让的债权均少于3户的情形。适用本规则的前提条件是金融企业遵守了不良贷款债权转让的合法程序,所形成的市场价格公允,防止造成国有金融企业的资产流失。

【第9条】债权转让通知规则

出卖人与买受人在订立不良债权转让合同后的合理期间内在债务人所在地的省级以上有影响力的媒体上连续刊登不良资产转让公告的,构成《中华人民共和国民法典》第五百四十六条的"通知",若公告中含有向债务人催收的内容,则构成《中华人民共和国民法典》第一百九十五条第一项所规定的"权利人向义务人提出履行请求"。

债权转让的通知应由出卖人做出,只有在债权转让通知到达债务人时,债务人才有义务向债权受让人清偿。国有银行、金融资产管理公司、地方资产管理公司享有直接适用公告通知的权利。普通投资者原则上不得使用公告方式通知债务人,只有在普通投资者难以通知债务人时,方可采用公告通知方式作为普通投资者通知债务人的补充手段,并须保留通过书面、数据电文等非公告方式履行通知义务后无果的证据。单纯的公告通知不能构成诉讼时效中断的事由,但公告中含有向债务人主张权利内容的除外。

【第10条】不良资产包的整体性规则

不良资产经过科学、合理地组合形成资产包后出让的,应当被视为一个不可分割的整体。以此种不良资产包为标的的转让协议不得被部分解除。

当受让人已实现不良资产的部分经济利益，整体返还不良资产包已无可能，受让人不得解除整个不良资产转让协议，但可要求出卖人承担相应的违约责任。

不良资产包指的是对不良资产进行科学、合理的组合后形成的资产组合。不良资产包具有不可分割性，受让人只能选择全部买入不良资产或不买其中任何一个资产，而不能对资产包内的资产进行挑选。不良资产包的转让协议具有整体性，买受人只能要求解除转让协议之整体，并将该协议项下所有资产全部返还给转让人，买受人在获得部分不良债权所带来的经济利益后，不得再要求返还无法实现的不良资产对应的转让价款。本规则不适用于转让单个不良资产或未组包的少量不良资产的交易，不影响违约责任的承担。

第三章　金融不良资产交易中间环节的行规

（中间环节指以服务性业务为主的中介机构所参与的环节）

【第 11 条】提供收购通道规则

资产管理公司可接受委托向金融机构购买不良资产包，并收取一定费用。资产管理公司不得为金融机构虚假出表掩盖不良资产提供通道，不得为金融机构的资产管理产品提供规避投资范围、杠杆约束等监管要求的通道。

本规则主要适用于持牌资产管理公司向金融机构收购不良资产的情形。金融企业只能向持牌资产管理公司转让资产包，而不能直接将其转让给社会投资者。社会投资者可与持牌资产管理公司协议，由持牌资产管理公司从金融企业收购特定资产包，再由社会投资者以约定价格出价，从持牌资产管理公司收购该资产包并支付通道费用。若社会投资者违反约定，不向持牌资产管理公司收购该资产包，则要承担违约责任。

【第 12 条】分期付款规则

金融资产管理公司及地方资产管理公司转让资产时，原则上要求受让方一次性付款。

在向客户充分揭示风险的前提下，资产管理公司可以与受让方约定采取分期付款或者分级资金等模式。受让方首期付款不得低于总价款的 30%，并在不良资产转让协议生效之日起五个工作日内支付；其余款项应当在转让协议生效之日起三年内支付，并办理合法的担保手续。

资产管理公司不得以收购不良资产名义为企业或项目提供融资。

本规则适用于资产管理公司向社会投资者转让不良资产的情形。原则上，受让方应当一次性付款。在充分向客户揭示风险的前提下，资产管理公司可以与受让方约定采用分期付款或者分级资金等模式，首期付款一般不得低于总价款的 30%，并应当在不良资产转让协议生效之日起五个工作日内支付，其余款项应当在转让协议生效之日起三年内支付，并办理合法的担保手续。资产管理公司不得以收购不良资产的名义提供融资。

【第 13 条】港澳资金通道规则

银行等不良资产转让方以人民币结算不良资产价款。

境外资金可以通过广东金融资产交易中心、前海金融资产交易所等中介机构参与不良资产交易。境外投资者参加境内不良资产交易，必须一次性付清全部价款，签订不良资产转让协议后，必须经中国人民银行备案。

本规则适用于境外投资者投资境内不良资产的情形。境外投资者和境外资金不得直接进入境内不良资产交易市场。境外投资者投资境内不良资产，需要通过广东金融资产交易中心、前海金融资产交易所等中介机构才能参与和进行涉及境内不良资产的交易，同时必须经中国人民银行备案。境外投资者受让境内不良资产，只能以人民币结算，且必须一次性付清全部款项，不得分期付款。

【第14条】交易所公告规则

交易所披露不良资产信息以网站等网络媒介为主。一般不良资产可仅披露不良资产的客观状态及一般明显的瑕疵。国有产权不良资产交易应披露相应瑕疵与风险。

交易所平台是不良资产业务的重要参与者,也是产权交易信息披露的关键主体。交易所一般通过网站、报纸等媒体发布公告,辅之以其他方式。交易所披露信息、发布公告的方式和程序,需要区分各类情形、遵守相应法律法规的具体要求。交易所披露的有关不良资产的信息一般以转让方提供的为限,仅涉及资产的基本情况或明显瑕疵。但在进行涉及国有产权的不良资产交易时,交易所会突破转让方给定的信息披露范围,不仅需要披露风险与瑕疵,还应进行规范性审查。

【第15条】媒体公告规则

通过媒体发布不良资产债权转让公告,应当提供双方身份证明、原始合同、债权转让合同和以其他方式通知债务人的证明。地方金融管理部门或者不良资产社会组织可以设立媒体推荐名单或者不推荐名单(黑名单)。

本规则适用于通过媒体发布不良资产债权转让公告的情形。不同媒体对刊发债权转让公告的审查标准不一,但普遍要求提供出让人和受让人双方的身份证明、原始合同、债权转让合同等资料。媒体重点审查发布公告的主体的身份,对公告内容仅作形式审查,未尽审查义务的媒体须承担相应的行政责任。适用公告通知中断诉讼时效的主体限于四大国有金融资产管理公司,其他主体可以刊发债权转让公告,但不能产生通知债务人、诉讼时效中断等法律效果。

第四章　金融不良资产末端处置环节的行规

（处置环节指对金融不良资产进行处置和清收的环节）

【第 16 条】债权利息计算规则

除另有规定，不良债权受让人可以主张对债权受让之后的全部利息。

本条属于不完全规范。除《最高人民法院关于审理涉及金融不良债权转让案件工作座谈会纪要》（简称《纪要》）明确提出的四大资产管理公司在 1999 年、2000 年从中国银行、中国农业银行、中国建设银行、中国工商银行、国家开发银行收购的政策性不良债权和 2004 年、2005 年从交通银行、中国银行、中国建设银行、中国工商银行收购的商业性不良债权在受让后停止利息计算的情形，不良债权的利息应正常计算，不适用于《纪要》所提出的特殊规则。

【第 17 条】主体变更规则

债权人转让、处置已经涉及诉讼、执行的不良债权，法院应当根据债权转让协议和转让人或者受让人的申请，裁定变更诉讼或者执行主体。

不良债权进入诉讼和执行等程序后，法律上并不禁止争议权利继续发生变动。由于不良资产的债权归属会经常性地发生移转，因而法院不宜对此类情形的主体变更施加过于严苛的程序要求。不良债权移转后，法院应基于实体权利上的变动而应当事人之申请，裁定程序法的当事人亦有相应的变动，变更诉讼主体或执行主体。

【第 18 条】以物抵债规则

一次流拍后，执行人可申请以财产抵扣债务。

动产流拍两次、不动产流拍三次并经变卖不成交且申请执行人不愿意以物抵债，财产交付执行人管理或退还被执行人的，执行人仍可申请以拍卖、变卖或以物抵债等方式实现债权。

以物抵债一般指双方当事人基于合意，通过签订以物抵债协议，以债务人的财产冲抵债务。在不良资产领域,还存在基于以物抵债裁定的强制性以物抵债,即依债权人的申请,在无法以拍卖、变卖方式实现其债权时,以债务人财产冲抵债务,其实质是特殊的执行程序。在一次拍卖流拍之后,执行人即可申请以物抵债,同时,动产流拍两次、不动产流拍三次并经变卖不成交且申请执行人不愿意以物抵债,财产交付执行人管理或退还被执行人的,债权人仍可申请法院重新组织拍卖、变卖,或通过以物抵债实现债权。

【第19条】税费承担规则

因不良资产司法拍卖所产生的税费,当事人可以约定税费承担主体,但相关约定仅可于拍卖公告中做出。

拍卖公告中的税费约定,适用于流拍后的以物抵债程序。

本规则适用于不良资产司法拍卖存在包税条款的情形。不良资产司法拍卖中,当事人时常约定交易所生之税费由协议某一方全部承担,即形式纳税义务人和实质承担人分立,一般称为"包税条款"或"税费转移承担条款"。此类约定仅可在拍卖公告中做出,且仅适用于以执行为目的的强制性司法拍卖,而不适用于非强制性的民商事拍卖。不良资产流拍后,若申请执行人接受以物抵债,则拍卖公告中的此类约定同样适用于以物抵债程序。

后　记

2019年初，为服务金融风险防范和法治化营商环境建设大局，给广东省乃至全国金融不良资产行业治理政策及相关法律法规的制定提供决策依据，广东民商法学会组织了课题组，以广东省金融不良资产二级市场中的交易规则作为主要研究对象，对广东省金融不良资产行规进行了广泛调研与深入研究，这是形成本书的实证基础。由于本课题具有重要的研究价值和社会意义，社会各界对本课题的研究和开展给予了大量的帮助与支持。

2019年7月，在广州市地方金融监督管理局的指导下，课题组在中山大学南校园以"不良资产市场化交易与行业规范发展"为主题开展研讨会，来自广州市地方金融监督管理局、广东省高级人民法院、广州市中级人民法院、广州资产管理有限公司、广东粤财资产管理有限公司、广东省广晟金融控股有限公司、广州银行、广州农商银行、广东金融学院、广州产权交易所、广州金融资产交易中心、深圳市不良资产处置协会、惠州市律师协会等单位的百余位理论专家和实务专家围绕会议主题，对"不良资产市场化交易和处置的发展和障碍""不良资产交易和处置中的行业惯例和实践创新"等议题展开了丰富而深入的讨论。

此次研讨会让课题组明确了研究思路。2019年8月，课题组组织了数十位以中山大学法学院、岭南学院的科研人员为基础的调研小组成员，分批对广东省金融不良资产行业的主要市场主体进行深入调研，先后对20多个调研对象进行了30余次调研，形成了数十万字的调研访谈记录。在这些珍贵的调研访谈记录的基础上，调研组经过多次深入研讨，总结、抽象出30多条金融不良资产行业已经形成的行规，在进一步打磨以及与相关部门和市场主体进行沟通后，我们留下了本书呈现给读者的19条行规。

后 记

经过为期4个月的深入研究，课题组形成了《金融不良资产行规汇编与评述——以广东省金融不良资产行业为例》的研究报告，并于2019年12月14日在中国法学会商法学研究会主办的第四届"中国金融法治研究方阵"学术论坛中正式公布。此次高规格的全国性学术论坛专设"金融不良资产行规报告问题研讨"圆桌论坛，来自全国的专家学者，广东省高级人民法院、广州市仲裁委、广州市地方金融监督管理局等政府部门，以及广州资产管理有限公司、广东粤财资产管理有限公司等金融不良资产行业的市场主体都对课题组的研究成果予以了高度评价，也坚定了我们进一步将成果进行完善的信心。但随后突如其来的新冠肺炎疫情扰乱了既定的研究计划，课题的研究进度受阻。尽管如此，我们还是努力排除困难，继续推进课题研究，并与中山大学高级金融研究院联合向广东省金融主管部门提供了《加强金融不良资产行规研究 解决行业"监管难"问题》的决策参考，为课题研究争取更多的支持。

经过进一步的深入研究和更全面的梳理，课题组组织了精锐的写作小组在原有研究报告的基础上进行细致打磨，形成了本书的初稿，具体的写作分工如下：

全书写作及统稿：周林彬、林锐群、王睿。

理论基础部分资料整理和初稿写作协助人：郭冠廷、徐涵晨、覃静。

转让环节行规资料整理和初稿写作协助人：吴劲文、何子君、胡杰伟。

受让环节行规资料整理和初稿写作协助人：黄钲翔、张子鹏、韦成根。

中间环节行规资料整理和初稿写作协助人：陈尔博、林灏铭、陈俊旭。

末端处置环节行规资料整理和初稿写作协助人：黄志成、赵子涵、汪郁超。

终于，我们在2021年末完成了最初向行业和社会的承诺，将研究成果出版，填补了国内对金融不良资产行规研究的空白。在此，我们对设立本课题并在课题研究中给予经费和其他支持的广东民商法学会和各参编单位，对课题研究予以支持的广东省高级人民法院、广州市中级人民法院、广州市地方金融监督管理局等部门，对积极配合课题调研并提供宝贵研究资料的广州资产管理有限公司、广东粤财资产管理有限公司、广东省广晟金融控股有限公司、广州银行等市场主体，对担任本书指导单位的广东省工商业联合会、广州市仲裁委员会、深圳国际仲裁院，以及课题组参与调研和写作的各位成员，表示衷心的感谢！本书的顺利出版，离不开中山大学出版社王天琪社长、嵇春霞副总编辑以及有关编校人员的辛勤付出和大力支持，在此特别感谢！